寫作第1課。

從閱讀起跑

凌性傑 老師
建國中學國文科
x
林皇德 老師
臺南一中國文科
編著

【編者序】

閱讀是寫作最好的起點

凌性傑

我一直認為，寫作是一輩子的事。而且，寫作也不是作家專屬的權利。活在當代社會，寫作的形式與目的各異，每個人只要有表達溝通的需求，就必須具備寫作力。不論是透過手機發訊息、製作海報、填寫問卷、完成會議紀錄、婚喪喜慶的應用文……，都與寫作力息息相關。所以近年來只要談及國民素養能力，閱讀理解與寫作一定是檢測素養的核心項目。

學習寫作之道無他，花時間而已。回想小學時期，我們花了很多時間反覆練習，不斷地寫生字生詞然後造句，再來才是構句成段、銜接段落以成篇。我們運用各種句型，調整段落連接與呼應的方式，為了就是追求更美好的表達。所謂更美好的表達，不只是說清楚講明白、詞能達意這麼基本的要求而已，更需要將思想與情感鎔鑄於高超的陳述之中。當內涵與形式高度結合，就會讓文章產生穿透力，讓思想發光、讓感情發熱。

對我來說，寫作可以不為什麼，只為讓自己表達的過程獲得滿足感。在寫作的過程中，清理內心的千頭萬緒，重新發現自己，那就是最好的報償。

一輩子的寫作課，不妨從閱讀開始，從閱讀精彩的文章開始。閱讀這件事，可以是理解他人，也可以是自我理解。讀者反應理論告訴我們，閱讀不僅是被動接收訊息，不僅是對作品做出反應，而是要主動地創造屬於自己的閱讀體驗。閱讀經驗不斷累積之後，我們鑑賞作品時會更有信心，也會養成自己獨特的品味。

寫作最好的起點，不僅要讀得廣、讀得深，更要讀得有方法、有效率。透過文本的解讀以開拓寫作的視野，並且提升寫作能力，這便是規劃、編纂《寫作第一課》的初衷。編選這本讀本時，我們的共識是，收錄好看、有意思的文章，並且從這些文章裡延伸出「人與自我」、「人與他人」、「人與世界」的諸多命題。

二〇一八年起，學測作文從國文科獨立出來，考科名稱為「國語文寫作能力測驗」（簡稱「國寫」）。這樣的改變讓教育現場的我們必須重新思考，怎樣可以幫助學生從容地在規定時間內完成寫作。二〇一八年初登場的「國寫」，只給考生八十分鐘時間，這段時間內必須詳細閱讀兩道題目引文，並根據引導文字做出回應。這兩道題目的設計，一道偏重於知性分析，一道偏重於感性抒發。然而我們知道，人類的心智結構很難以理性、感性二分。二分固然方便，但也容易流於刻板。為了照應教學與考試的需求，《寫作第一課》的選文分類便不以主題區分，依照大考中心的設計分為理性與感性兩部分。

就我個人的期待，希望《寫作第一課》能兼顧閱讀的趣味與寫作能力的增進。不管是高中國文課堂，或是大學通識的閱讀寫作課程，都可以在《寫作第一課》的基礎上進行教學討論，或者用作課後自學的讀本。

我也一直相信，作家的精神境界有多高，文章的境界就有多高。《寫作第一課》收錄的作品，展現了各異其趣的精神境界。書中那些梳理情感的方式、發出議論的聲腔，有的引起我的共鳴，有的讓我想要更進一步與之展開辯論。更幸福的事情是，這些文章成為指引，讓我能夠繼續追問，那些關於情感與思想的議題。

非常感謝願意授權的每一位作家，這些作品豐富了我平凡的生活，讓追問變得更有能量。

非常感謝台南一中林皇德老師的共同合作，為《寫作第一課》提供了寬廣的選文面向，以及專業閱讀者的智慧。每一篇選文之後，皆附有林皇德老師與我的私人導讀，希望能夠將個人的體會分享給讀者。

非常感謝拿起這本書的讀者，我們在此擁有心靈的交會，擁有一個最好的起點。

二〇一八年七月十四日誌於淡水紅樹林

【編者序】

這個時候，你可以先閱讀——永遠的第一課

林皇德

十多年前，我剛當上老師時，很不喜歡上韓愈〈師說〉這一課。在講臺上自吹自擂「老師」有多重要，我總是做不出來。何況，從自身經驗來看，一個人想學習道理和知識，上圖書館、書店還更方便，何必一定要找老師？

偏偏這一課是高中第一冊國文課本裡，文言文的第一課，一開學就要上。不想面對的東西，命運總是會逼迫你趕快面對。

直到我在卜正民（Timothy James Brook）《縱樂的困惑》中讀到一則事例：西元一三三二年，出生於江蘇崑山的王履想學醫，於是跋山涉水，前往數千里外的陝西拜師。他別無選擇，因為「在明朝前期，知識都未能轉化為書籍的形式，還有許多知識僅是一方一地之學，這就是王履踏上旅途拜師學藝的原因。」我瞬間明白，在商業印刷還沒出現以前，老師是知識最

主要的承載者。一般人想求取知識，只有找老師。而中國的商業印刷要到明代中葉以後才出現，唐代的人想學道求知，當然只有找老師。

這則事例進一步翻轉了我對韓愈〈師說〉的解讀。原來，我一直誤解了它的主題。雖然題名叫「師說」，作者也是位老師，但是這篇文章並不是為老師寫的，而是為學習者所寫的。「老師很重要」這件事在當時無疑是不用強調的，因為有心學習的人別無他途，只有從師。所以〈師說〉並不在強調老師有多重要，而是在強調主動學習有多重要。無論你是小孩還是大人，是百工之人還是士大夫，都要保持旺盛的求知欲，要主動學習。

那一刻起，我變得很喜歡上〈師說〉，因為在學生踏入高中校門的第一堂課裡，就告訴他主動學習的重要，這實在太有意義了。

我的轉變，來自於閱讀。

面對寫作時，常有學生疑惑：他非常勤奮，每週督促自己練習兩篇作文，為什麼還是沒有進步？

我非常明白，沒有進步的關鍵就在於：只有寫而沒有讀。

一個人若是沒有變得更「大」，寫出來的文章也很難變大；若是沒有變得有遠見，就寫不出主題深遠的文章。而讓自己變得更大、更淵博浩瀚的第一步，就是閱讀。

面對博愛座這個議題，許多人只能泛泛表達贊成與否的意見，但吳明益教授卻可以從人類文化演化中的利他行為來探討；面對便利商店進駐蘭嶼的議題，許多人只能想到方不方便，而劉克襄卻能從以物分享、回饋與共勞的社會結構來看待。具備豐富的背景知識、遠大的視野，才能看得這麼廣、這麼深。

在寫作的路上走得越久，越能發現文字技巧容易學習，但是大的視野、深刻的識見很難達到。要寫出華美的辭藻容易，但要寫出深遠的主旨很難。

許多年前，散文名家阿盛來到敝校演講，我負責開車接送。在車上，我提到自己有時也想寫點東西，卻總是寫不出來，該怎麼辦？阿盛老師說：「這個時候，你可以先閱讀。」

本書提供的篇章，就是希望寫作的學習者可以在閱讀的基礎上，更進一步感受、思考與體會。對於寫作來說，閱讀是必要的第一課，也是永遠的一課。要寫出「大作」，沒有什麼捷徑，首先必須多閱讀，其次多思考、多感受，讓自己成為一個「大」的人。

寫作的路上，我們永遠都還有不足，因為一個有自覺的人永遠都會努力讓自己成為一個更大的人、更好的人。

感謝凌性傑老師的邀約，讓我能參與這本書的編寫。在教學和人生的路途上，性傑老師總像是親切的哥哥，帶著微笑堅定地走在前方，讓我們可以安心地跟在後面，不會害怕驚慌。往後的日子裡，希望我也能一直繼續跟隨，帶著一顆感激的心。

目次

輯二 說說道理

輯一：談談感覺

同一棵樹／一再重複／在彼此的鏡頭裡／飄散如落葉

林達陽

同一棵樹

隨人群走進明治神宮四合式的主建物群。門並不寬敞，人多時走起來格外窘迫，覺得世界正試圖改變我。過了門是天寬地闊的方場，人群四下散了，突然覺得茫然。隔著方場，彼端遙遠的兩個角落各有一棵高高的樹。左手邊的，便是著名的夫妻樹。其實是兩棵相連的大樹才對，但遠遠看去真察覺不出來，巨大的樹冠從樹梢一直延伸下來，只不成比例地各自露出一小截樹幹。怎麼看都是同一棵樹啊。

人來人往的方場上，抓準某一空洞的瞬間拍下照片。圖中的夫妻樹看不出什麼天長地久的意思，看上去總之是一棵獨自快樂的大樹，圓圓的，很可愛，讓人想起剛剛喜歡上一個人的感覺。

喜歡上一個人的感覺。夫妻樹的樹葉在風裡遠遠地、細瑣地搖動，像一首熟悉的歌播放在收訊不穩的錄音機裡。喜歡的意思，是我想與妳擁有共同的生活細節。喜歡的意思，是我知道我們明明只是靠得很近的兩棵樹，但有些時候，我希望別人誤以為我們是同一棵樹。

一再重複

箱根神社的本殿旁，一牆之隔是九頭龍神社的手水舍。銅製的青龍盤據一小而淺的水檯，與山下箱根神社的手水舍相比小得多，泉水不間歇地自龍口注入池中。

我已在山下做過淨手的儀式了，但也不妨再重複一次：取一瓢水，右手持瓢傾出泉水清洗左手，左手持瓢清洗右手，捧水漱口，再讓所剩的水沿長柄流下。我已熟悉這些流程，不需再偷偷觀望旁人，就是靜靜地做。有些時候熟不生巧，只生習慣。有時重複令人感覺幸福，有時候，感覺孤獨。

泉水有種溫和的甘味，難以形容，甚至難以察覺。一旁立牌上對此寫滿了說明的日文，我一字不識，但似乎全能領會，也不因而感覺到喜悅或悲傷。手水舍前人潮漸漸散了，剩一專心洗手的女孩子，頭也不抬。暴烈的獸彷彿是不在的，因被馴服而成為神，縮得小小的，守著此一人造的淺池，嘩嘩水聲不絕於耳。池下放滿純白的卵石，無一生出青苔。

有時我也是這樣想著的啊，真正的愛，應禁得起比時間更漫長的等待……

在彼此的鏡頭裡

參道盡處的鳥居。較大鳥居矮小一些，木頭是那種歷經風雨、嚴肅卻難掩衰老的灰褐色。過了這個鳥居，便是奉著明治天皇和昭憲皇太后的御社殿等主要建築群了。參拜的群眾絡繹不絕，參天巨樹的餘蔭一路延伸到了鳥居前緣才讓開，留下鋪滿碎石的廣場。鳥居上頭鑲著代表皇室的菊花紋章，本來大概是金黃色的，但都鏽了，現在都是青綠色的了。

很久很久以前的少年時光，我曾讀過一本書，《菊花與劍》，談的都是日本民族的矛盾性格及大戰之後的文化研究，那時半知半解地看完，以為自己都明白了，時而據此與人爭論。但現在回頭去看，那時的許多理解，其實都是錯的。那時我是怎麼說服旁人的呢？我想起那女孩清澈而沮喪的眼神，「好吧，好像是這樣。」但事情哪是我說的那樣呢？

參拜的群眾絡繹不絕，穿過鋪滿碎石的廣場，穿過木製鳥居。有些人已從我的生活中永遠消失了，有些人與我一起長大。我聽見身邊路人走過的腳步聲，沙沙作響，無數的碎石正彼此磨損著，漸漸變圓。生命由時間組成，我們度過的每一段時光，都是性命相見。許多情侶、家庭在這裡合照，背襯著明治神宮的正門，委由他人取景，或是伸長了手臂拉開距離自拍，讓經驗和命運決定合照時的風景。參拜的群眾絡繹不絕，小心地彼此迴避，仍難免不時出現在陌生人的鏡頭裡。

我想和妳一起變老，異中求同，笑著爭執，流淚改變，並且服膺於改變。參拜的群眾絡繹不絕。「我想和妳一起變老」，這話的意思，其實是我願意與妳性命相見。

飄散如落葉

走進「小熊維尼獵蜜記」的設施內部，落葉般的書頁飄散在四周，各自記載故事的部分段落。像是打翻的信櫃，某種信物，波赫士的圖書館，一張拆散、分放在不同密室的藏寶圖。供乘坐的蜂蜜罐小車在層層書頁之後碌碌轉動著。

我們珍惜局部的小物。因為每個局部，都共同擁有我們故事的全部。從前高中時的女生筆友就喜歡小熊維尼，喜歡得不可理喻。她是那種非常善良的女孩，唸理組，北一女，成績好得不像話。我們未曾在真實世界裡熟悉過，一切的溫暖和坦白，都來自信件。我們寫年少的愛與夢想，寫年少的困惑和煩惱——尤其煩惱那些因為我們的侷限而造成的錯覺。她曾非常煩惱地告訴我，她真愛她男友，但母親告訴她，女生最後通常並不嫁給最愛的那人。

那時我是不信的。她也不信。雖然我們相信的是全然不同的事情，但我們完全不曾懷疑，只是恐懼。恐懼是一種無實害的傷害形式，恐懼很好，像是一鑵鹽在搖晃的罐子裡發出聲響那樣，自制而健康。我很喜歡與她寫信，討論文學，或者科學，發現找一個方式說好一個故事，是多麼困難但要緊的事。我喜歡寫信給她。與她寫信的快樂，是因能一次次證明自己的某些部分終將獲得重視，也因能藉以確知自己的某些部分，永遠不可能被他人完全了解——

擁有一段秘密的歷險是多麼棒的事呢？我也期待她的來信。期待的理由，和快樂或恐懼的理由，是一致的。

這應是歷險之所以令我們著迷的原因。成長是換上更好的心，去重複觀察類似的事情、建立完整的心境。我隨著隊伍繼續前進，漸漸能聽見遊樂設施裡頭的音效了。小熊維尼正在那裡重複完成他永遠未盡的獵蜜歷險，慢慢折舊，永遠不老，為了一件蜂蜜一般甜美的事情。這應是歷險之所以令我們著迷的原因。時間過去，有些事情，卻沒有過去——我還記得那時和女孩花過許多時間去討論時間的問題，知道科學家已經證明，在繞著地球飛行的飛機上，時間的流逝是稍慢於地表上的。那是相對論。時間即對事物變動狀態的描述。「只是非常小的差別嘛，他們是怎麼發現的？那時間短到可能不足以發生任何一種感覺。」我們都同意，不知道那樣小小的差別裡面，發生了什麼我們都無力逆轉的巨大的改變？

故事就是花時間去談論時間裡面發生的事情。我沿著書頁前進，任由那些符號和色彩與我擦身，一一消失，透過失去，帶給我完整的知覺。那些紙張永恆飄散在我們等候隊伍的動線兩側，像是秋天的落葉，替我們界定了空間、時間，和某種期待的感覺。我邊走邊想起那些曾經靜靜躺在郵筒裡的信件，從多雨漸涼的北部來到仍然溫暖的南方，好像每一封信長途跋涉，只為了擊潰並同時治癒我的錯覺。

每當我必須好好藏匿我的快樂或悲傷時，我就想念那些秋日的午後：離開熟悉的人，走過同一棵樹，承認每一片落葉都是獨一無二，但每一次的葉落，其實並無不同。

賞析

有一段時期，詩人約瑟夫．布羅茨基總愛在冬天造訪威尼斯。他喜愛威尼斯，但絕不在夏天去，只在灰暗陰冷的冬天。他沒有說為什麼，但從他為威尼斯所寫下的《水印》這本書裡，可以發現一些端倪。

他說自己就像是來到了某個未知的、無意義的地方，也許是自己的出生地。他說威尼斯夜裡散發的氣味，讓他彷彿看見一叢冰凍的海藻，在一塊潮濕結冰的岩石邊舒展開來，而「我就是那塊岩石，而我左手的手掌就是那舒展開的海藻」。他還說：「我們會在某些元素中認出自己」。

旅行之所以令人著迷，令人願意一再重複，甚至不斷地在同一個時間返回同一個地點，最大的原因並不是旅途上的風景有多美麗，而是我們會在旅程中遇見自己，認出自己。

所以，林達陽在鋪滿碎石的廣場上看見的，不是明治神宮的歷史，而是彼此磨損、漸漸變圓的時間體悟；在一張又一張捕捉了風景與陌生人的照片裡看到的，不是建築的畫棟雕梁、遊人的粉汗為雨，而是人生路途上，「我想和妳一起變老」、「我願意與妳性命相見」的念頭；在夫妻樹上看到的，不是古老不朽的神蹟，而是自己喜歡上一個人的感覺。

來到東京迪士尼樂園裡的「小熊維尼獵蜜記」，他在巨大的的書頁上看到的，是過往與筆友通信的點滴回憶，彷彿落葉般飄散，灑滿了周遭。他在維尼的獵蜜歷險中遇見的，是期待來信的心情，還有對於時間微妙狀態的體會，當中有恐懼，有快樂，有甜美，有理解，也有無可奈何。

迪士尼樂園裡上映的，不只是小熊維尼的影像，還有作者在手寫時光裡的一段留戀。參觀的人潮在書頁圖樣的造景間穿梭，但作者感受到的並不是隊伍的移動，而是時間的移動，是回憶、思緒與情感的川流。

或許，旅行的意義，不在於那些櫻花、楓葉、細雪、古木、神社、庭院、遊樂園……，而是取決於這些景物在我們心中映現的模樣。只是眼睛看見太陽，太陽並不真實存在；只是手掌撫觸地球，地球也還未真正誕生。或許，這整個世界都必須穿過我們自己的心，才會真正具有意義。

（林皇德）

青春關不住

王盛弘

之一：青春關不住

逼臨午夜時在捷運古亭站下車，我等著電梯上樓，驀地眼前冒出一個人，燈光幽微中看不清楚他的臉，但是當他露齒對我微笑，臉上有兩個酒窩，我立刻認出了他，好久——我才剛開口，他已經走近我擁住我，一張臉埋在我的頸窩間，在我的臉頰上輕輕一啄。鬆開身，我繼續未竟的話語——好久不見了。

初識他時他只有十八、九，現在幾歲了呢我問，他說：剛剛過了三十。我打量他，兩頰與下巴一片刮得乾淨青色鬍渣，眉目間的線條緩和了，連聲音都顯出了幾分溫柔。流年偷渡，狸貓換太子，他現在是個大人了。

那時候他總是不回家，這裡那裡過夜，青春關不住卻不怕沒有人收留，偶爾地他也來找我，我要他打電話回家報備，他淡淡回我打過了，在我面前再打一次，我堅持。有時他聽話照做，也有過這樣的時候：兩人僵持著，他嘟嘴坐在床沿，不言不語，眼睛盯住虛空中假設的一個點，一動不動。最後我只好摸摸他的頭，哄他，不打不打，快點睡。

後來他的母親找不到他，打來幾次電話探詢，我也都不會知道的。請你勸他回家好不好？他母親的聲音婉轉委屈。我為難了。他的母親告訴我：他常跟我提起你，說你說了這個，說你說了那個，還拿你幫他從網路列印的那個辛蒂什麼德國模特兒的一疊圖片給我看。他會聽你的，他的母親說。

而我，我在他的call機留下電話號碼，在傳呼站留下叮嚀，我等待著，但他從來不回。下次見面也許幾天幾個星期幾個月後，等他主動找上我。

現在做什麼呢我問。他說，在家鄉一家餐廳當廚師。我點點頭，問他記得嗎那時候他讀餐飲科，有天孩子氣地高興對我說，學校裡老師今天教我們沖奶茶喔。我說，哪天也幫我沖一杯？他回我：如果你不怕拉肚子我就沖給你喝。他搖搖頭笑得有點靦腆說不記得了；那他一定也不會記得，後來他轉美容美髮科，有回告訴我，說老師終於讓他拿剪刀剪模特兒假髮了。我同樣問：什麼時候幫我剪頭髮？他同樣回：如果你不怕像狗啃的，我就幫你剪。

很沒用地我記住的總是這些生活細瑣，旁人看來可有可無的場面與對話，在睽違的日子裡想起，響起。他的最後一句話，說在一個我準備上班的早晨：前一個夜裡他突然現身，沒頭沒腦地說想搬來跟我住，我環視居處窄隘，檢視一顆心雜亂無章，告訴他我已經習慣一個人；他卻對我說，從此你就不是一個人了。

但是當天下班回家不見了他的影跡，好像氣味隨風飄散從來不曾存在過；我如常坐桌前吃外帶的晚餐，兩人份，心中沒有波瀾。他走了，也許還會回來也許不會，只有他自己知道。不，連他自己都不會知道。

同在一座城市，搭同一條路線捷運，上班下班，就算不刻意迴避也不一定碰得上面，沒想到多少年後會在午夜的捷運站有了一個擁抱一個臉頰上的吻，他的唇依然溫暖而且柔軟，我看著他看進他的眼睛裡，我明白，當年我對他的好，經過十餘年後，在他年長於當年的我時，他全都懂得了。

之二：一個人的世界末日

捷運車廂裡鄰座女孩正在講電話，她的打扮新潮，喟嘆卻是古典的：「啊，不管我們現在愛得怎樣死去活來，但總有一天我會失去他，慢慢忘記他。他對我也是一樣。」失去他，忘記他，只留下一個淺淺的痂，或甚至不再記得生命中曾有這樣的一個人經過。

於是，下一段戀情換上一段戀情，各異的臉孔不斷被疊附被取代，承諾著相似的誓詞，重複著相似的歷程，愛情以這個方式不絕種。

難道她的愛情寄生了影魂？

在漆原友紀的漫畫裡，影魂是吃記憶的蟲，畏光，平日藏躲於樹蔭底花葉間，伺機自耳朵鑽進獸禽或人類的腦袋，吞食宿主的記憶維生。最終宿主將會失憶，只記得新近做的事、頻繁做的事、因為不想遺忘而一再溫習的事。

曾經影魂也潛伏在我的愛情裡，牠把一個個我以為愛過的人消抹得面目模糊，同時分泌出療癒情傷的特效藥。隨著年紀增長，過去因為失愛帶來撕裂一般的痛楚，漸漸地為宛如慢性病的感知所取代。理應已經結束的那個人埋伏在某個角落，是一條靜默無聲的影子，或巨石陰影底的長蟲，讓無辜的風、不解事的風、置身度外的風驚醒，猛噬一口，一霎抽痛，瘦瘦軟軟。風仍是無辜的、不解事的、置身度外的風，長蟲回復成巨石後一條修長的影子，下次會是什麼來撩撥牠呢？

就在這座城市，巷尾街頭曾一同經過的所在，已經遠去的那個人總是海市蜃樓般驀然現身，在對我做促狹的鬼臉，邀我向人流深處潛去，我一路尾隨，他淹沒其中，我慌惶張望，檢視迎面而來的面孔、背我而去的背影。

不要這樣捉弄我啊，你。

你知道我在尋你，你知道的。這只是你再一次跟我玩著的遊戲，你躲在某一根立柱後，某一棵路樹後，某一道櫥窗後，偷覷我無措站在街頭，睜大眼睛搜索，怕你就在我眼皮一闔的瞬間，從這裡到那裡，從近處到遠處，躲進無法定位的黑洞。我是鬼，快現身，我已是一隻形單影隻的鬼，快現身，像往常那樣突然從身後拍我肩膀，嘿嘿兩聲笑，然後手拉著手，兩個快樂要去郊遊的孩子，一躍一躍地，你說：「今晚要吃生魚片，喝味噌湯，蝦手卷請師傅抹很多很多的哇沙米，辣死你！」我應你：「最好你捨得。」你輕啄我臉頰，附到我的耳朵邊，好不邪惡地：我愛你——掉眼淚——

你已遠去，我仍佇立。

是這樣嗎：影魂就在你附我耳邊的片刻，隨順你的聲音竄出我的腦際，然後你占據了牠的位置？關於你的記憶不再為影魂所吞噬，它無限綿長無限延長，綿延成一個人的，望不到盡頭的世界末日。

不不不，應該是這樣的：影魂還在，肯定還在，你的一再出現，其實是我為了怕遺忘你而對牠發出的戰帖。這是我與食記憶之蟲的對峙。

賞析

讀王盛弘的散文宛如散步，從容的斷句分行讓人可以不疾不徐呼吸，跟著敘述者邊走邊看。書寫者向外探看，美醜善惡心中自有判斷，但他在文章裡儘量迎向事物本身，讓事物自己現形、說話。散文集《花都開好了》裡頭，王盛弘偶爾走向遠方，偶爾回望過去，更多時候是在編織自己喜歡的人事物，將心中繾綣眷戀一一頒布出來。〈青春關不住〉中，從前的友人多年後重逢，今昔之感油然而生，人跟人的緣分如此神祕，那善好之情竟都要事過境遷之後才恍然懂得。

〈青春關不住〉由「青春關不住」、「一個人的世界末日」兩篇小品連綴而成，以捷運空間為背景，吐露對感情的看法。「青春關不住」裡，生活在同一座城市裡的朋友，已經十多年沒有音訊。某個深夜，他們在捷運站相遇，當年的那個男孩已經成為一個男人。情隨事遷，教人感慨係之。「一個人的世界末日」則是敘述捷運車廂內鄰座女孩對著手機，講出「失去」、「忘記」這些令人傷感的話語。愛的消無，構成了一個望不到盡頭的世界末日。捷運空間裡，人與人的聚散何其偶然，也何其必然。

王盛弘從日常生活場景中擷取片段，在片段裡寄託了時光的命題。

青春有其時限，愛又何嘗不是？最讓人惆悵的是，那些愛與不愛的難題，從來未曾滅絕。

（凌性傑）

住在工地的日子

張曼娟

說著精彩的故事，十四歲的我賣掉了自己的第一個家，解決了沉重的經濟壓力，於是，我們準備搬家了。確定了再也無法擁有這個家，真正的離情別緒才洶洶而至。站在陽台上和鄰居同伴們打手語的午後；鑽進鄰居家堆滿課外書的廁所閱讀；樓梯下方小儲藏室是我陰涼的庇護所；後門直接通往廣場，那一排防風林是我們玩家家酒時，想像的城堡。

聯考前的一個多月，媽媽把我安置在他們的眠床旁，那裡鋪了一個床墊，放滿了我得努力讀完的參考書與試題，每一天，除了吃飯，我就駐守在那裡。讀到眼睛痠痛，累得再也不能支持，便倒身入睡，睡醒了，洗把臉又繼續讀。臥室的窗簾恆常是降下的，隔絕了炎暑與陽光，也隔絕了我的時間感，就這樣沒日沒夜的，一盞小燈陪著我的最後衝刺。雖然，這樣的衝刺對我的聯考成績並沒有什麼幫助，卻已經考出了有史以來的最高分。因為搬家，我得收拾起這一方聯考戰場的遺跡，不免有些傷感。父母親卻沒有傷感的餘裕，因為有個更結實的難題撲面而來了——在我們與買主訂好交屋時間之後，發覺新房子工程延宕，無法準時交屋了。

於是，我看著大人們展開一連串的協商與談判，最終得出的結論是：因為買主必須準時遷入，我們只好如期遷出，住進毛胚屋的工地裡。

我們住進的工地沒有水電，工人幫我們拉了一條電線，夜晚來臨時，便點亮一盞巨型燈泡。而且，那並不是我們的新家，而是新家的隔壁，我們暫時棲身，工人會趕工將新家的工程做完。也許因為父母親都當過難民，他們隨遇而安的韌性夠強，牙一咬，就搬家了。我記得曾有鄰居提議，可以先把家具搬到工地裡去，我們則分住親戚或朋友家。然而愈是在艱難的時刻，家人的情感愈凝聚，我們還是堅持要住在一起。說真的，住在工地這樣有趣又刺激的經歷，誰想放棄啊？

住進工地之後，所有的家具都隨意堆放著，沒有客廳也沒有臥房，廚房沒瓦斯，浴室沒有馬桶，我們全家人挑了最大的一塊空間，放上幾張床墊，睡在一起。每天都在施工的噪音與飛揚的灰塵裡過日子；用一個大同電鍋料理所有的食物；要養成按時大小便的習慣，因為一天只有幾次能去另一幢尚未賣出的公寓裡借用洗手間。然而，對我們來說，最大的挑戰卻是沒有門。我們暫住的四樓公寓沒有門，連樓下進出的大門也沒有，完全是門戶大開的狀況。

父親將我和弟弟的鐵床床架擋在門口，想像著能給闖入者一些障礙，然而這並不能安慰我和母親的恐懼，於是父親從街邊撿回一顆人頭，應該是美容院丟棄不要的，我們為她畫上林投姐的妝，放在鐵床架上，再用手電筒照著她，做為我們的守護者。每夜興奮的等待著闖入者發出魂飛魄散的恐怖叫聲。

常有人來探望我們，他們送來豬油，我們便吃豬油、醬油拌飯；他們送來大西瓜，我們翻找出西瓜刀將瓜就地正法；他們帶來一顆球，我們就在人車稀少的巷子裡玩躲避球。

住在工地的那個暑假，我的人生也掛著「施工中」的牌子，卻是一段逸出正軌的歡樂時光，讓我覺得困難啊什麼的，都只是過渡時期，一切終將變好的。

賞析

悵恨獨策還，崎嶇歷榛曲。山澗清且淺，遇以濯吾足。漉我新熟酒，隻雞招近局。
日入室中暗，荊薪代明燭。歡來苦夕短，已復至天旭。

——陶淵明〈歸園田居〉其五

返歸田園的陶淵明，一日浪遊於山林田野，看見了當地人事物的滄海桑田，忽然感受到

「人生似幻化，終當歸空無」，不由得湧起了一抹惆悵。他懷抱著悵恨的心情獨自踏上歸途。遇見榛莽掩覆的崎嶇小徑，他便穿行而過；遇見了清淺的山澗，他便停下來洗腳。山路難行，他不閃不避不繞路，依舊邁步。山澗並非他刻意尋找，而是偶遇的，那他便享受這片刻的清閒。回到家中，想起酒已釀好，他便漉酒殺雞、邀鄰人共享。不久，太陽下山了，室內一片昏暗，夜晚與黑暗看似就要迫使這場歡宴終結，但陶淵明隨手燃起了荊薪代替燭火，使歡樂得以繼續下去。歡樂來臨時，他便盡情享受，只恨夜晚太短暫。陶淵明說的是「歡來」，並不是「尋歡」，代表「歡」不是陶淵明主動去尋的，而是它自己來的，陶淵明只是遇見了它，然後接受了它。

如果要用四個字解讀陶淵明這首詩，沒有比「隨遇而安」更貼切的了。而這張曼娟這篇〈住在工地裡的日子〉，可說是「隨遇而安」的現代版。

當全家定居在一幢附有小小院落的二層小樓時，她便享受栽滿植物的院落，享受樓梯上上下下的奔跑。當自家屋宅不得不賣掉時，她便坦然看待吉屋出售的事實，不覺得尷尬，不覺得難堪，還動用自己說故事的專長，順利賣掉它。

所謂「隨遇而安」並不是指心情毫無起伏，沒有情緒，始終一如死水平靜無波。賣掉自己的家，離開熟悉的人事物，告別美好的記憶，這一切都令她難過憂愁，那麼她就讓憂愁爬進她的心。

年少的她面對高中聯考的挑戰，舊居空間狹小，她無法擁有一個完全屬於自己的房間來備戰，只能在媽媽的眠床旁另鋪一張床墊打野戰，那她便駐守在此，與參考書和睡意奮戰。即便這麼努力衝刺，仍然落榜，傷感來臨了，那她便擁抱這份傷感。可是，現實生活中其他的挑戰仍不斷撲面而來，那她便繼續在人生的道路上奮力不停地走下去。

舊房子賣掉了，新房子卻工程延宕還沒蓋好。回不去舊家，只好暫時棲身在新居的工地現場，那她就當作是一次「有趣又刺激的經歷」。

清代學者陳宏謀曾說：「天下事，豈能盡如吾意？心境順恰適，盡其在我，隨遇而安。」與「隨遇而安」連結在一起的，是「盡其在我」四個字。所謂「隨遇而安」，並不是消極的逆來順受，既不掙扎也不抵抗，任憑濤浪淹沒自己。物質上的不充裕、現實生活中的不如意，都不能為她帶來困境；生活裡的貧乏與挫敗，皆不能困住她；一時的傷感、憂愁、悵恨、苦悶，都不能細綁住她的心，反而更激起她樂於面對、勇於擔荷的全力以赴。

所以，不論現實亮起「未完成」的燈號，或是人生掛起「施工中」的牌子，都不能阻擋一個人享受生命，也不能制止一個人實現自我。

（林皇德）

關於「原諒」

陳雪

你說，與他分手過了許久，已經與別人戀愛了，幸福生活裡你偶爾仍會噩夢，夢裡，你獨自回到那個小鎮，循著舊路似在尋找什麼，忽然一扇門開，你攀上樓梯，一級一級，來到那學生公寓的三樓，拿著手中鑰匙開門，鑰匙不合，但門卻開了。

門後是那樣的學生世界，凌亂的房屋，兩張書桌並列，兩張單人床併成雙人床，屋裡到處掛有女孩子氣的衣裙，你走逛著，並不知道為何自己來到此地，繼續走著走著，突然腦中清晰一念頭，「這是他與她的住處啊」，你羞愧又懊惱地奪門而出，樓梯長得像無止盡，終於打開大門，天光湧進眼中，幾乎令你目盲……

現實裡的你，一次也沒見過他們相處的樣子，而那空白的畫面卻成為夢裡燒灼不去的場景，無人在場的羞辱，自己像是個闖入者。

對於當初發生的事，你其實什麼都不知道。你所知的僅僅是他有了外遇，而對象是總在他身邊盤旋不去，他卻是強調「我們只是朋友」的人，「什麼時候發生？」「如何發生？」「為什麼發生？」「多少次？」即使你苦苦追問，他從來不告訴你。

答案無從追溯，他不願分手，卻也不做選擇，於是你做出了決定。

經過很久之後，久得彷彿當初的戀愛與分離都成為別人的故事，久得連夢見他都覺得陌生，然而那個夢境卻透露出你自己都沒有發覺的事實，那個封閉的房間裡發生的事，原來一直刺傷著你。

你以為自己並不責怪，無論情感層面理性層面，你都能說服自己理解，路已經走到盡頭，沒有復合可能，你只是想要停止傷害，但奇怪的是，你越是覺得自己可以理解可以諒解，你願意友善待人，願意祝福他們，當不成戀人，好像也可以做朋友，但隨著時日過去，你心中有某個什麼日益壯大，你與他的「舊帳」就清算不了，每次聯繫，從互相問候，演變成失控的「互相叫罵」，兩人都後悔不已。那變成一個各說各話的結，堵在腦中，久而久之變成創傷。

大約過了兩年，你們終於不再聯繫，有人說：「不愛也是一種愛」，這句拗口的話，就是雙方在沒有能力繼續實現相愛的狀態下，發出最後一點力氣「阻止傷害」，失聯、斷訊，有時，在不得已的狀況下，也是一種愛的方式。

你什麼都理解，但你生氣、難過、憤怒、悲傷。沒有出口。

我想對你說，表達憤怒，凝視憤怒，看見憤怒之所在，願意將那憤怒表達出來，使之可以理解，使之找到出口，讓看似驕傲卻無比脆弱的自己已有機會承認：「是的，我受傷了。」

是的，當時你心碎了。

是的，即使你有一份善意，但現在無法照顧對方的情緒，你需要「失聯」。

是的，很久之後你會知道感到受傷不是因為被欺騙，而是因為自信不夠，自尊太強，是因為自己的脆弱，但現在，就是現在，你不想對自己那麼嚴格，我想，你有權利生氣。

即使這些話從來也沒機會說出口，但允許他們在腦中爆炸，把自我防衛、教養、理性、溫柔，都炸開成一地殘骸，讓眼淚有合理落下來的機會，即使只有一次，一刻鐘，讓該有的憤怒、委屈、悲怨，從一直壓抑著的內心，像一朵花徹底盛開。

然後慢慢凋落。

很久之後，我們會從懂得憤怒，進而控制憤怒，從理解悲傷，到釋放悲傷，我們會從那有機會被承認的痛苦裡，找到諒解的方式。

到那時，你會想對他說：「我早就原諒你了」，你終於可以說：「原來遺忘比原諒來得更早，請你也原諒自己吧！」

賞析

戀愛是一種本能，雖然與生俱來，但不代表毋需學習。

在愛情裡，我們會彷徨，會懷疑，會困惑，會受傷，或許會想變得更好，變得更堅強，變得更自在，變得更篤定。這一切看似輕而易舉，卻又困難無比。所以，我們也想尋找答案，也想請教專家；如果可能，當然也願意研讀課程，修習學分。

小說家陳雪自二〇一〇年起在臉書發表文章，書寫生活日常。跟另一半的細微互動，吸引了許多讀者。接著，有人傳訊向她請教各種愛情問題，她試著思索、回答，並採用一種異於小說、抒情散文、論說文的文體來寫作，最後集結成了《戀愛課》這本書。她覺得自己並不是專家，也不想對人說教，只是閱歷可能比較豐富，因此試著把自己的體會整理成文，同時也更進一步確認自己對於愛情的信念。

對於曾經愛過的兩人來說，有時愛的關係結束了，傷口卻還在，隨時可能再度撕裂，難以癒合。在〈關於「原諒」〉一文中，陳雪首先以示現的手法，描繪一幕分手後的場景。你來到前任情人居住的房間，房裡的書桌、床鋪仍成雙成對並排，隨處都是兩人世界的印記，但這個兩人世界中，已經沒有你了。於是，這一切形成一種羞辱，撕裂了那血漬原本就還沒擦乾的傷口。

愛情的傷口，為什麼會這麼難以癒合呢？陳雪在《戀愛課》的序中提到：「所有愛情的問題都是『自我』的問題。」或許，使傷口癒合的關鍵，不在對方身上，而在於自己。解決問題的方法，仍必須在自己身上尋找。

處理傷口的第一步是找到傷口，看見傷口，正視它的存在。因此，你可以不必掩藏，而大方承認：「是的，我受傷了。」接著，你可以試著探尋情緒的起因，「你會知道感到受傷不是因為被欺騙，而是因為自信不夠，自尊太強，是因為自己的脆弱。」而後，你不必勉強自己做個理性、冷靜、完美一百分的危機處理專家，而可以有生氣的權利。只是，當憤怒像一朵花澈底盛開後，也得允許它慢慢凋落。經過理解與釋放，我們或許有機會懂得原諒。

在這段過程中，我們會發現，陳雪教我們原諒，但沒有教我們勉強自己。原諒的前提並不是去逼迫自己的心，不是去掩蓋自己的情緒，不是去扭曲自己的意願，而是理解、順從與釋放。

在「戀愛課」裡，像「原諒」這樣的習題還有很多，等待我們去思考，去摸索。或許，會去思考愛情的問題，正是因為在意它，重視它，想認真對待它；正是因為珍惜兩人的關係，也看重自己在愛裡的角色。而這份「看重」，也正是身處愛情之必要。

（林皇德）

烏托邦美術館：美秀美術館

李清志

日本美秀美術館（Miho Museum）開幕至今，已經十多年了！令人驚訝的是，這座由華裔建築師貝聿銘設計的知名美術館，雖然經過了十年的歲月，卻仍然維持開館時的精緻與優美，甚至與大自然更加和諧共生，整個美術館的管理與服務，絲毫沒有因為時間的流動，留下任何老舊的痕跡。

水墨山水畫的意境

美秀美術館是建華師貝聿銘畢生心血之作，其後雖然也完成了德國國家博物館區萊堡美術館，蘇州美術館等作品，但是十年之後，許多人還是認為美秀美術館是貝聿銘這些年來最令人難忘的作品。華盛頓東廂美術館、羅浮宮增建案，以及美秀美術館，堪稱是貝聿銘職業生涯中最重要的里程碑。

貝聿銘雖然在美國完成建築教育，但是卻保有東方傳統的文化涵養。在美秀美術館的設計案中，他聰明地採用了大家熟知的〈桃花源記〉作為整個參訪路徑的劇本，雖然有人認為貝先生國學素養不夠精深，以至於只會用這種大家熟知的東方故事來哄哄外國人；不過老實說，一個建築師能夠將這樣的故事，塑造出精緻的真實空間場景，已經很不容易！

整個美秀美術館的參訪過程，猶如中國傳統山水畫的意境一般，若隱若現，似有似無；甚至令人聯想到《谿山行旅圖》中，那些隱沒於雲霧、樹林間的長石階步道，忽然在山岳的某個角落出現，繼續向上延伸，進入高峰的雲霧之中。

美秀美術館之所以耐人尋味，在於其空間配置上，具有中國園林迴遊式的趣味，隨著參訪者的移動，展現不同的空間的景致，從而體驗出不同的意境。參訪路徑極具哲學思維，許多人將整個過程體驗比喻為人生旅途，特別是在彎曲的隧道中漫步，只見隧道盡頭隱約發出光芒，卻不知道將通往何處。此刻特別具有禪意，也讓人在短暫而又寧靜的時刻，思考人生的終極意義。

烏托邦式的美學

美秀美術館有一種奇特的「烏托邦式美學」，首先是那些載運遊客的白色電動車，安靜地穿梭接待中心與美術館間，有如過去科幻電影中，關於未來烏托邦世界的描述；在那些電影裡，總是會出現這種白色電動車。

白色電動車象徵著美秀美術館對於美學近乎潔癖的要求，電動車安靜地運作，不會干擾到青山綠水間的蟲鳴鳥叫，使得這座烏托邦式的美術館區，永遠呈現出一種寧靜的氛圍。更有趣的是，白色電動車的駕駛穿著白色制服，臉上表情肅穆，不禁令人懷疑這些駕駛是否科幻片中的複製人或機械人？

不過我們不得不佩服美秀美術館的周到服務，即便是貴婦人在雨天蒞臨美秀美術館，仍然可以輕鬆地在美術館中喝下午茶，然後乾乾淨淨，一塵不染地離去，白色電動車還在下車時，提供踏腳墊，以及擦去雨滴的白抹布。

下雨天到美秀美術館可以看見美術館另一種烏托邦式的美學操作，曾經有一車子的台灣遊客在雨天來到美秀美術館，當車停妥之際，所有人正準備下車撐傘擋雨，只見美術館人員前來阻止，要求大家將自己的傘留在車上，而送來一整排赭紅色、印著MIHO（美秀）字樣的雨傘，讓大家使用；其用意似乎是不希望旅客花花綠綠的雨傘，破壞了烏托邦視覺上的統一美感。

這種近乎法西斯式的美感要求，在科幻片中的烏托邦世界也經常出現，要求每個人以某一種特定制服、顏色出現，或使用某種既定的交通工具等等。當然美秀美術館是出於善意，希望整個美術館園區呈現出最優美的美感狀態，因此利用殷勤的服務，去達到美感的要求，卻不會令人感到不悅。連坐在美術館中的咖啡廳喝下午茶，館方也希望達到某種美學狀態——在每張桌子旁邊放置一只編織藤籃，每位客人的隨身提包不能隨便擺放，必須放在藤籃裡，並且由一條白布覆蓋，以維持咖啡廳整體美感。

美秀美術館就是這樣一個講求精緻美感的烏托邦，雖然已經開館十年，但是館內對於美感的要求與期許，依然十分強烈，有人甚至說：美秀美術館比誠品還誠品！這句話當然是種讚美，或許這也是這座美術館依舊吸引人的地方吧。

自然有機烏托邦

美秀美術館不僅是美學的烏托邦，同時也是自然有機的烏托邦，因為創辦美術館的宗教團體——神慈秀明會，基本上是強調素食有機的自然養生，因此在整座山林中，還特別闢建自然農法的田園，採用古老自然的方式栽種稻米五穀雜糧。這些收割的食材，被用於美術館的咖啡店及餐廳裡，其中最令人印象深刻的是用豆腐做的冰淇淋，以及用古老種子去栽種收割的古代米。

來自台灣的工作人員陳巧珍表示，她自從到美秀美術館工作後，也開始使用這些自然有機食材，至今五、六年間未曾生過病，氣色也越發紅潤美麗。烏托邦裡的人果然就像桃花源中的人們一般，享有比一般人更健康、年輕和長壽的生活。這樣的結果並不會令我訝異，畢竟美秀美術館這座深山裡的美術館，本身就是個令人心曠神怡的美麗園區，自然不受污染的食材，當然比一般城市人所使用的食物更來得健康無毒。

美秀美術館甚至在田園間推動「秀明自然農法」，也讓遊客參觀並親自參與耕種收割，體驗古老卻歷久彌新的農業基本法則。田野間也搭建起兩座伊香型的古民居，喜歡研究古老民居的建築者，可以到田園間參觀操作。

烏托邦的未來

十年來無數次前往美秀美術館，每一次都有不同的體驗。美秀美術館的確是個烏托邦，是個長生不老的桃花源，凡人雖然無法居住其間，但是我們可以像武陵人一樣，每年不時地造訪其中，窺探一下烏托邦是否仍在。並且享受片刻桃花源式的自然與美感。

雖然地上的樂園，人工建造的烏托邦，終究會有失落的一天，但是我仍然祝福這座桃花源中的美術館，盼望它可以帶給更多人心靈的平靜與思考生命的機會。

賞析

李清志曾經說過：「美術館是療癒人心的天堂！」在建築學者眼中，藝術具有療效，美麗的空間尤其能夠洗滌心中的憂傷。美秀美術館是建築大師貝聿銘設計的經典之作，李清志用烏托邦的概念來描述它。

陶淵明〈桃花源記〉勾勒出一幅理想世界的模樣，詩意盎然：「緣溪行，忘路之遠近。忽逢桃花林，夾岸數百步，中無雜樹，芳草鮮美，落英繽紛，漁人甚異之。復前行，欲窮其林。林盡水源，便得一山，山有小口，彷彿若有光。」貝聿銘便是根據陶淵明的文字，創造出美秀美術館的詩意空間。

李清志觀察美術館的種種細節，敘述其中的美好秩序與設計。白色電動車象徵的美學潔癖、館方提供的同一款式雨傘，在在都是力量。於是，「美學的烏托邦」、「自然有機的烏托邦」各有體現，精神與物質的需求可以在此同時得到滿足。此外，用豆腐做的冰淇淋、遵循古法耕種的稻米，同樣教人心嚮往之。觸及永恆的問題時，李清志認為地上的樂園、人工烏托邦終有失落的一天。但這座美術館只要在著，就能帶給人們心靈的平靜與思考生命的機會。

（凌性傑）

石虎剛剛離開

劉克襄

早晨的水田，彷彿仍殘留著昨晚的冰冷溼意，一些低淺的窪坑偎集著靜伏不動的小蝌蚪。用手指輕輕撥動，牠們微微四散，又停止下來。天氣太冷了，似乎連多移動一點都會消耗許多體力。

一個月前，這兒才注滿圳水，蟾蜍很快就在此現身，產下長條狀膠質的卵串。沒多久，保護在膠質裡的卵，孵出數百隻黑色小蝌蚪。我研判，窪坑裡面應該也有不少水蠆，準備捕食牠們了。

水田旁邊緊鄰著緩斜的土坡。坡地上長滿芒草、灌叢和爬藤，苦楝、朴樹、桑椹從中茁壯，形成優勢的喬木樹種。有的地方則栽種了肉桂和柚子、柑橘等果樹。十來隻斑文鳥停棲在芒草叢，好像才醒來，滯留了好一段時間，尚未展開一天的行程。還有白頭翁在梳理羽毛，一邊吱喳叫著，似乎搞不定下一站要去哪裡。

土坡連接著落葉滿地的次生林，樟樹、油桐、香楠和三刈葉等混生其間，小彎嘴從那兒發出響亮的呼喚。次生林以多樣的樹種和層次，展現森林的繁複和隱密。現在是各種綠色怒放的時候，偶有杜英掉落兩三片紅葉，但少有人注意。

山的稜線以相思樹為主，覆蓋了整個森林上方，形成此一丘陵的重要地貌。從腳前的田埂再往前，有條手砌的卵石小徑，鋪進次生林。這兒有許多早年的卵石古道橫越山區，成為先民挑擔，扛負鹽巴、香茅和木炭的交通要道。

唯這條路不長，盡頭是一座石砌的矮小土地公廟，後面有棵大楓香倚靠著。小小紅布壓在廟頂，香爐仍插著線香殘柱，顯見小廟不時有人定時祭拜和清理。土地公廟正對著水田，儼然在守護著地方產業。

楓香樹後，還有條不甚清楚的泥土小徑。小徑消失的地方，一座鮮為人知的炭窯，被草叢掩埋。炭窯因久無人使用，早已崩塌過半，只能做為相思木炭曾大量生產的重要遺址。

遠遠望去，這時節淺山的青綠愈發清楚，一派淺淡輕柔，把什麼是綠色，優雅地詮釋出萬千風貌。亞熱帶森林多樣的魅力，盡在此時此處展現。但多數人不在乎這種綺麗，因為太熟悉反而陌生，或者不懂得如何欣賞。就像不遠處，好幾棵田邊苦楝淡雅地盛開，那種素樸的美麗，往往乏人青睞。倒是下個月，油桐花開時，白花如雪景皓皓，吸引了眾人注意。但那時的綠意濃厚而單一，缺乏層次了。

我蹲在田埂檢視，早晨的田地出現了四小一大的柚子形腳跡。一步一痕，排出一列長長的新鮮足印。昨晚夜深時，有隻石虎從森林裡下來，悄悄地穿過土坡，跳下水田，在此觀察一陣後，慢慢地走到我前面的泥灘。緊接，停駐了一陣，因而腳印在此覆踏了好幾個。

除了蝌蚪，我看到好幾隻田螺在勇敢地蠕動。我猜想，那隻石虎應該在此捕捉到某一喜愛的獵物。然後傲然叼著，沿著田埂邊，再爬上土坡，經過土地公廟和炭窯，消失於森林。

牠走回去的腳印如前，顯見獵物不大，但應該足夠飽食一頓。或許是隻小田鼠最有可能。那是牠最常在田裡捕捉的主要食物，六七月稻作豐收時，一個晚上下來，石虎可以獵捕到三四隻。昨晚天冷，牠若能捕到一隻應該就很欣慰了。

我佇足的地方是火炎山山區。這幾年經常搭火車前來，在三義車站下車後，背包裡放著飯糰和水壺，便往山區漫遊。一條山路又一條，一座山村復一村。我積極地尋找著仍在耕作的水田，還有走看哪兒還有什麼風物。

在這一帶淺山來去，經常聽到竹雞的對叫聲，不時響徹山谷。每次在林子裡驚起竹雞三五飛竄，我總是想起石虎。石虎是高明的獵者，善於謀定而後動。面對竹雞，牠知道每次捕捉只有一次撲擊的機會，因而都會等待很久。沒有十分把握，絕不展開致命一擊。竹雞當然也相當機警而靈敏。白天時，牠們小心翼翼地走在林地間，一邊啄食，隨時眼觀八方。晚上時，整個家族跳到樹上集體擠成一排，避免被石虎等獵捕者突襲。

石虎知道竹雞不易捕捉，夜棲不定。天黑了，寧可下山，走進水田裡尋找食物。水田若不噴灑農藥，一年四季常有各種動物出沒，自然成為牠重要的覓食環境。晚近幾位朋友架設夜間攝影機，都不難捕捉到石虎的身影。或許，一些農民會指責石虎，晚上喜愛潛入雞舍偷捉雞，但這樣的數量其實不多，多半也是老弱石虎。有位研究貓科的學者以為，一般健壯的還是習慣在野外打獵，展現狩獵的本能。

石虎時而會潛入雞舍，還有一重要原因。我們開發了大面積的淺山環境，牠們的獵物相對減少，只好以雞舍為目標。緣於此因，好幾位朋友為了搶救石虎，晚近乾脆承租一些淺山地帶的水田，或者鼓勵復耕。山腳有大面積的友善水田，石虎的保育愈有希望。

走在這些鄉野環境，我也常注意荒廢的耕地。希望擁有者，何妨創造更多溼地樣態的休耕水田，藉此吸引更多動物棲息。天黑之後，這類水田便是野生動物溫馨的深夜食堂，不少中型哺乳類都喜愛在此出沒，諸如麝香貓、白鼻心、鼬獾等，石虎也是其中的成員。牠們都是龍貓兄弟。

此外，產業道路的開闢，對淺山造成的傷害如今也愈來愈嚴重。山路能免則減，舊路更不宜再拓寬。大量去水泥化，保持泥土路，減少對環境造成的衝擊，動物才能獲得允當的棲息空間。

一隻石虎的活動面積約莫數百公頃，以苗栗地區為例，淺山環境要找到大面積沒有道路劃過的區域，如今並不多。石虎往往為了覓食，不得不跨過道路來去。近幾年，許多鄉道和產業道路都設有小心石虎的告示牌，提醒夜間的開車族，小心石虎經過。來去快速的車輛往往形成可怕的殺手，石虎常被意外撞死。但根本之計，還在於保有棲地的完整性，減少道路的開發。

我循著卵石小徑走上去，跟土地公廟敬拜。環顧周遭，看看有無石虎的任何排遺。炭窯在更裡面的樹林，以某一隱密的暗黑存在著。那樣的原始不可侵犯，讓人覺得從那兒回去的石虎會活得更好。

淺山是人類生活裡利用頻繁的環境，同時是其他動物和人類接觸最密集的地方。石虎尤為指標，如果無法生存，意味著淺山環境的危機。根據現有的調查初估，全台灣的石虎數量最多可能僅五百隻，多半集中在中部。石虎的議題方興未艾，我們關切的也不只是牠們的消失或滅絕，而是整個淺山環境的維護。

我繼續遙望著那些暗黑之後的某一樹林空間，就算再給我兩輩子的時間行山，要在野外看到石虎的機率，恐怕仍是萬分之一的微乎其微，但我毫不在意。就像地球不是唯一有生物的星球，遙遠的某一個地方，仍有生命活著，我知道就好。

我因這樣的想像，隱隱感覺石虎就在森林深處，隨時都在窺看。眼前的山，繼續豐饒地存在。

賞析

過去保育黑面琵鷺時，有人抱怨：「為了幾隻鳥，卻讓人類沒飯吃。」保育石虎時，也有人抱怨：「如果石虎那麼偉大，那人類就不要生存了！」保育溼地時，則有人抗議：「溼地已經嚴重阻礙在地的發展了。」

這些話語的背後彷彿都抱持一種立場：人與自然站在對立的兩面。為了人類發展，不得不犧牲生態；為了人類生存，不得不犧牲大自然。真的是這樣嗎？

劉克襄在〈石虎剛剛離開〉一文中，以一幅美麗實景的描繪，優雅地敲碎了上述的誤解。寒冷的空氣、水裡偎集的小蝌蚪、芒草與灌木、斑文鳥與白頭翁、田鼠與竹雞，這看似「野生」的一切，其實出現在人類所耕種的水田區。接著，劉克襄筆下人與萬物的足跡持續交織：森林與果樹，丘陵與古道，山坡與土地公廟，相思林與炭窯……，這幅美麗的圖景，就是一個完整的生態系。在這裡，一切都是那麼和諧地共存，以致讀者根本不需要區分什麼是人為的，什麼是自然的。

在人類所耕種的水田裡，只要不噴灑農藥，這幅美麗的圖景、這個豐富的生態系就會自然成形。而水田生態豐富的程度，還勝過荒廢的耕地，不只石虎，連麝香貓、白鼻心、鼬獾都喜歡來覓食。人力的介入，並不一定會破壞自然；人類的發展，也不必犧牲自然。反過來思考，犧牲大自然的作法，最後也可能連帶犧牲人類的發展，並不會對人有利。劉克襄以全景式的描寫告訴我們，在任何一塊土地上，都沒有一種生物是單獨生存的，萬物都是彼此關連、緊密依存的。

之所以認為人與自然站在對立的兩面，其實是因為沒有看見生命的全景，沒有看見環境的全貌，眼裡的東西太少、太粗、太淺。就像NGO工作者林吉洋所說的：「不了解自己土地上的文化與生態，所以看不到自己的生存發展機會。」若是看得仔細，看得寬廣，就會看見那充滿生機的循環，還有那彼此連結的隱形絲線。

劉克襄從地面上四大一小的柚子形腳印，就看見石虎曾經來過，看見石虎為了什麼而來；看見森林的深處，仍有窺探的眼睛閃爍著，仍有生命活著。他看得如此清晰透澈，因而不需要再切進森林深處，以騷動的腳步聲和刺眼的閃光燈捕捉石虎的身影，公諸於世。而我們也能從他清澈純淨的文字中，深深明瞭：人一直屬於自然，不必離開，也不能離開。

（林皇德）

半隱士

陳列

他自稱「半隱士」，多年來一直獨居在遠離市囂的一處山腳下。每週三次，他搭小船渡過一條河，到市區的一所中學教美術，同時也算是與外界的一種接觸。其餘的時間，他規定自己不再外出，並且盡可能不見訪客。家裡不裝電話，信由對岸的一位朋友轉交，一週一次。門牌號碼甚至也因漆和金屬的剝蝕而無法辨識了。

他的這個住處掩映在綠樹繁花間，附近只有兩戶人家和一座廟宇。這環境正是他所希望的：既可避離擾攘繁忙的城市，但仍有疏落的三五人煙。那一道終年不枯的河水，於是成了他進退紅塵間的天然界線。從城裡上課回來，便是一個幽寂的世界。他可以在其中安然看書、作畫、彈琴和造琴。

「生活是一種藝術。」他說。因此，對他而言，造琴正如他生活裡的一切活動一樣，只是他所追求的藝術性生活中具體呈現出來的一個小切面而已。那是和他的整個生命，和他的人生態度，甚至於和他所選擇與安排的居處環境，是不可分割的。

他也學佛，走的是禪的法門，每日打坐三個小時，很強調佛家「放下」的生活態度——了知因緣的來去，一切都莫去勉強，心無妄念貪染，胸臆如鏡子，來時影現，去不留痕。問起他避居鄉野，對都市的種種聲色追逐有什麼看法時，他也只是淡淡地提及平等心的事。

由於他不多言語，難以探悉他習禪的境界，但卻可以看出，世俗的事物，對他的影響似乎已變得很少了。他堅決而愉快地在他獨自築造的精神世界裡，過一種十分簡樸的生活。

據說，他很少買衣服；有的是朋友送的，毛衣自己織。食物更是簡單，幾碟醬菜就可以配一餐。即使是棄絕不了經常不離口的香菸，抽的也是最便宜的「新樂園」，幾十年來都不曾改。

他那顆清澄的心靈更也在他的居住環境中顯露了出來。他在廳堂中擺置的那些簡單家具，便是生動的說明。和他坐在廳內說話時，我的眼光常會被那些配置得極富神韻的物件深深吸引，而他的整個人彷彿也成了一個靜物。淺淡的話語在其間游移，這時，連身姿的變動也都是沉靜的。

那些家具整個的或許只能用美來形容，但卻是一種素淨而幽淡的美，有如一首禪詩。其中最顯著的是一張由兩個暗棗色的大水缸分從兩邊支撐起來的桌子。桌子橫放，靠近內牆，面對著廳堂的大門。其實那是一塊年代很久而遭人遺棄的木板門，板面已呈枯灰色，而且紋路糾扭，凹凸不平，有幾處甚且已被歲月蝕空。這是廳中唯一的桌子，上面擺放著他心愛的一張古琴、檀香爐、一盞以破碗片和鐵絲編成的油燈，以及一疊書。廳裡的四個角落各有一盆秀氣的國蘭，花架則是竹子或原木頭的組成物，形狀奇拙。座位依相對的兩面牆壁而設，是用廢木箱拼湊出來的，上面覆以草編的蒲團。斑駁泛黃的壁上直接貼著他手書的陶淵明的〈歸去來辭〉，和李白的〈將進酒〉。另一件絕無僅有的布置是那盞從天花板垂掛下來的宮燈，以及燈下裝飾的數個鈴鐺；全部呈現出古銅色，事實上是用玻璃纖維做成的。

這些物件，大都是他撿來或親自製作的。他說：「就像小孩子玩沙玩泥巴一樣，在遊戲中完成一些東西，既快樂，又表達了自己。」它們原本毫無起眼之處，但經過他的選揀與組合，非但各自有了生動的特色，彼此間並能和諧相處，更且整個的和白牆紅磚，和房子本身，取得了融洽，一起自然地散發出一種獨特迷人的氣質。

甚至於和屋外的天光雲影以及全部的風景，也是相連結的。

一般人以為無用而任意拋棄的東西，經由先生撿來加以組合或變造之後，竟忽然有了這麼豐富而深刻的情韻；他從別人視為醜陋的事物中發現美，一種反庸俗的美——莊子所說的「無用之用」的道理。他和他所撿拾來的這些老舊東西，是超乎通識的價值判斷之上的。他的節制反而顯露出了他在精神層面的自由與豐盛。

他是這麼說的：「市面上的現成家具根本無法和我的人，和我所住的環境相合和成一體，所以只得自己去創造。」他說，他所求的是精神與物質生活的搭配，如此地在其間行住坐臥，才能怡然自如。

除了電燈之外，他的屋裡也絕少看到電器用品。夏季天熱，他使用的不是電扇，而是芭蕉扇。他說，芭蕉葉子是有生命的東西，搧出的風是活的，是生活中情趣的一種表現和培養。至於電視之類的非民生絕對必需的商品，在他看來，則也只是精神空虛者用來作為逃避或麻醉的一種憑藉罷了。

他製造古琴，也不把它當作一種可以交易和圖利的商品。對他而言，造琴正如彈琴，用意在於修養心性。他說：「琴匠是造不出好琴的。造琴是很嚴肅的事，須在適當的心境下才能進行。」因此十餘年來，他總一共才為人造了二十幾張琴，製作的時間長短不一，有的甚至長達數年。

他造琴，特別講究琴音的蒼古幽沉。他以音色、造形和琴面上具有古雅趣味的髹漆斷紋為要求的標準。他認為唐朝的琴是此中的極品，宋琴其次，因此他以唐宋古琴，作為自己仿效追求的境界。

琴製作之後，他從來沒有落款的習慣，但其中唯有一把例外，那是為一個女孩造的。

女孩初次來訂製的時候，就沒要他設定交件的期限，在製造過程中也從不催促。

他在和她幾次見面中，仔細觀察她的言談舉止，體會她的氣質個性，一邊揣摩著琴該怎麼造，才能完全與她匹配。完成後，試彈之下，果然聲音飽滿圓潤，勁味充足中仍不失纖雅細膩，是一把令自己十分得意的好琴。

臨到要將琴送走時，才知道捨不得的滋味。琴安詳地躺在燈光下，純潔完美如初生的嬰兒；那是他注入了多少的情感和心力才孕育雕琢出來的。它早已成為他生命裡的一部分，成為他生活中的一分子。琴面和琴弦在燈光下透著亮滑的光，像是在和他話別。

不知經過多久，他才用一塊粗絨布把它包覆起來，抱出門後，卻又折了回來，打開布，再一次詳細審視。但他一直告訴自己，它終究是要離開的。

據說，他的繪畫也是風格獨具的，尤其是素描。但他一向不肯輕易示人，從未開過畫展，也不願出售。他說，作畫純是個人的興趣，意在自娛，世人的識與不識，賣不賣錢，全都無關緊要。就像彈琴一樣，畫作也是難以和他人分享的。

或許，就是因為諸如此類的原因吧，一些認識他的人大都說他是個奇人。這「奇」字可能有褒有貶。從好的方面來說，它可意指一位獨力排拒著形式的行為規範，和抗斥著物化了的現代生活的勇士，一位在日常生活中仍保有主動和自我的人。但往壞的方面說，它又可能意味著一位獨善而淡漠消極的神秘主義者或厭世者了。

有一次，我很晚才要過河回家，他送我走下緩緩下斜的小路。風吹動竹葉，耳邊沙沙作響。我放慢腳步。他拿著竹杖，遠遠地走向前頭。夜霧從兩旁的竹林裡輕輕蒸散出來，在路燈的光暈下飄移。我從後面望著他走路的身姿，猛然覺得他像是中國山水畫裡的人物，遙遠夢境裡的人物，在這個熾熱的人間裡，是不存在的。

賞析

木末芙蓉花，山中發紅萼。澗戶寂無人，紛紛開且落。

——王維〈辛夷塢〉

王維筆下的辛夷花，在寂靜的山間兀自開花，又在澗水潺潺的聲流中，兀自凋零。它的鮮豔，是為了綻放自己，不是為了取悅別人；它的生命之路，是為了走出自己的意義，不是為了得到別人的評價。它並不需要活在別人眼中，而是活在自己心中。

陳列筆下的半隱士，就像一朵辛夷花。他並非遺世獨立，完全與人隔絕，他有朋友，有工作，但他所做的一切都不是為了投人之所好，而是為了自娛。他製造古琴，作畫，純粹是從中獲得精神上的豐盈與愉悅，所以「世人的識與不識，賣不賣錢，全都無關緊要。」他雖然也製琴贈人，也會依據對方的舉止氣質來構思、打造，但仍舊是出於自己的心意。

他並非絕情棄世，也與友人往來。陳列要回家時，他還沿著小徑一路送別。但他不裝電話，也鮮少外出，人情交際並不會形成一張蛛網束縛住他。

心靈的自主與自由，除了減少干擾外，還須減少欲求。將物質需求降至最低，才不會被外物所役使，成為物質的奴隸。半隱士的住家陳設、衣食所求，都簡單質樸。雖然簡單，但不簡陋，擺脫淺薄的物欲，才能追求深層的美。半隱士時常將撿拾得來、看似無用之物，重新組合、改造，成為藝術品，散發素淨幽淡之美。

對許多人來說，生活充斥著工作與忙碌，從而衍生無奈與苦悶。所以，我們亟欲擺脫當下的生活，而將希望寄託於未來的、退休後的、遙遠未可知的歲月。其實，何必以眼前的犧牲、委屈、勞碌來換取未來的美好？只要用心，只要願意，當下就可以將生活打造成自己想要的模樣，毋需等到來日。

現今是人類史上溝通管道最多元、訊息交流最頻繁的時代，社群、社會與國家力量介入個人生活的程度，既廣泛又深刻。在這樣的時代裡，我們還能夠像隱士一樣，離開眾人的眼光，只活在自己的心裡嗎？

一九八六年，一位名叫克里斯．奈特的年輕人拋下父母和家鄉，獨居在緬因州的森林裡，他不上網路，不開車，也不使用金錢，逃離現代。他說：「對外面的世界來說，我這個人不復存在。」而陳列對半隱士的評價則是：「在這個熾熱的人間裡，是不存在的。」

對於半隱士來說，自己是否存在於人間，並不重要；真正重要的是，在生活中得到那份屬於自己的意義。

（林皇德）

遺物

平路

「生命要向前看，卻要向後才能夠理解。」往後看，你究竟能理解多少？你可曾理解，其中包藏著怎麼樣的隱喻？

如果有一天，丟掉的全找到了，一片一片拼在一起，又怎麼樣連貫起其中的紋理？

一次一次，站在那間公寓門前，你開始心驚，不知道要不要進去。幾年時間，你沒有辦法收拾父母的東西，你沒有辦法處理一些看似簡單的事情。

地上留著蟑螂翅膀，書籍全無次序地堆疊著。走進廚房，櫃裡是缺角的碟子、裂紋的大碗、邊緣扁塌的不鏽鋼飯盒（你高中帶便當用過？），以及不同長短的筷子，至於你幫父母買的整套康寧餐具，大盒子從未開封，放在櫃子最底層。

打開壁櫥，衛生紙堆到壁櫥頂部，幾十年也用不完。這間屋子裡的人用衛生紙，一張再對撕，每次只用半張。

臥室堆滿了東西，樟木箱從臥室拖到客廳，上面又開始堆箱子（你有過一次噩夢，父母公寓內的東西像洪水一路漫延，你走進去，好像摩西分開紅海）。在你心中，父母的舊居是個堆棧，老人家捨不得丟掉任何東西。

東西比人牢靠，比它的主人耐久（這件事後來你才想清楚），幾年的時間，舊居保留著父親離去時的原樣。

父親的洗臉毛巾（淺藍色條紋）掛在浴室的老地方。泡假牙的牙缸、沾著髮油味的梳子，架子上擺得好好的。摺著頁的《中外雜誌》（民國幾年的出版品？）捲在枕頭邊，似乎扭開床頭燈就可以繼續翻頁。床左側有個玻璃櫃，每次去看父親，父親拉你坐在床旁邊，推開玻璃櫃門，一樣一樣指給你看。人參、維他命、狗皮膏藥、總統華誕紀念酒（哪位總統？哪一年華誕？）陶瓷酒瓶中間，擺幾樣仿古小玩意。父親找到要找的，拿出來手裡摸搓，喃喃講給你聽，再放回原處。

打開衣櫥，皮帶掛在樹門邊。你摸著父親的皮帶，舊了，皮革裂出細紋，那是當年你送給父親的禮物。手放在上面，好似留有主人腹部的餘溫。

父親習慣穿的衣服：毛衣、背心、睡衣、睡袍、一件疊一件放在衣櫥裡。捲成圓球的襪子，抽屜內擺得整整齊齊，準備他明早起來穿。

拖鞋擺在床底下，床正對梳妝檯鏡子，鏡子上掛著你送給父親的腰帶包。刺扎扎一個老皮件，你從俄羅斯帶回來。父親極珍愛，把它掛在床前。早晨張開眼，不需要起床已經看見。父親只要出遠門，無論目的地氣候怎麼樣，總把腰帶包斜揹胸前。

床前擺的手杖、鴨舌帽，都跟父親生前一模一樣。等主人挂著手杖戴上帽子，立刻可以出門去。

打開鞋櫃，一雙一雙鞋子並排擺。你摸著父母的鞋，他們的舊鞋，你一雙也捨不得丟。你就是不能夠想像自己做那個動作，把父母的鞋當垃圾清掉。

為什麼鞋子最難處理？

作家瓊．蒂蒂安在丈夫驟逝後寫著，她可以很快把亡夫的衣服捐給慈善機構，就是沒辦法丟掉亡夫的鞋。她想的是，如果丈夫回來，馬上可以踩進穿舊的鞋。

衣服可以買新的，鞋子，還是舊的舒服。你望著父親的鞋，鞋底落下腳的形狀，鞋跟磨得歪一邊。看父親的鞋，就好像看見他走路的樣子，一腳習慣施力，肩膀朝另一側稍微偏倚。

鞋子捨不得丟，也因為找雙合腳的鞋不容易。當年，「生生皮鞋」矮凳上，你有許多陪著父母找鞋的記憶。後來父母老了，幾乎每雙鞋都是你帶他們買的。譬如說，你記得很清楚，在那家Hush Puppies，父親第一次發現氣墊鞋好走，他眼裡歡喜的神色。為母親選鞋就更困難。母親雖沒纏過足，腳卻極小，你總在四處搜尋，有時候乾脆進到店裡問，問有沒有斷碼的鞋。名牌店偶然有特小號，櫥窗中做樣品，說是小碼鞋擺出來秀氣。

運氣好，找到母親合穿的鞋，母親一遍遍在人前讚你，譬如有一雙米黃色的半高跟，軟軟的小牛皮，穿在母親腳上很耐看。母親總要誇耀，你這孩子心裡有她、對她多麼用心。講多了，你聽了心虛，臉上一陣燥熱。

臉紅，也因為你自己一直知道，對母親始終不夠好。當年，你大可以替母親添置更多東西，讓她跟別人說嘴時高興。

母親過世後，你坐在母親梳妝檯前，抽屜內有個舊皮包，包裡裝著一條斷的珍珠項鍊，還有一堆散落的珠子。你記得母親當年跟你抱怨：「珠子沒戴多少次，愈放愈黃？」

聽著母親這樣說，你望了一眼，珠子果真帶著齒垢的顏色。母親接著問你，用什麼可以洗洗，恢復原來的淨白光？

你支吾著沒有作答，心裡只在琢磨「人老珠黃」這個詞，四個字放一起多麼貼切。換作今天，你會知道該做什麼，應該去店裡選一條，放入禮物盒送給母親。

當時，為什麼沒有那樣做？

打開母親的衣櫃，櫃子裡除了掛在衣架上的旗袍、泡完澡穿的厚薄幾件浴袍，還有摺疊著的內衣與襯裙，你手伸進櫃子裡，摸著母親的麻紗背心，想到該要處理母親的貼身衣服，腦袋裡立刻叫停。彷彿某種自保機制，懸崖邊緣會急煞車，想都不能夠想下去。

衣櫃門打開又關上。你拖著不處理。父親書架上的舊書，丟出去幾本；還沒過幾分鐘，你又重新撿回來。

翻開書，俊逸的小楷，父親總習慣在扉頁記下購買的日期，有時並約略記一下買那本書的緣由。望著父親的字，時日又回到從前。父親坐在書桌前，檯燈亮著，對著桌上的書，正準備下一堂課的教材。你依依地想著，書櫃裡這些書，對父親而言是城堡？是圍牆？還是他鼎盛歲月的一處遺址？

你知道的是，直到生命最後，那是父親日子繼續下去的保證。

看報這件事也是一樣，對父親具有儀式意義。父親手執放大鏡，每天早上認真地讀，由讀到報紙的大標題，確定這是新的一天。儘管最後那幾年，父親握著報紙動也不動，幾個鐘頭沒翻過去一頁。

有一次，父親特意把留起來的剪報拿給你看。父親當時滿臉驚奇，彷彿遇見了生平沒見過的稀罕事。指著剪報，父親讚歎：「怎麼畫得這麼好？」你定睛看，那是幅漫畫。大眼睛女孩，翻出眼眶的睫毛一根一根，頭髮一綹一綹，其實是常見的日式卡通手法。

又有一次，你父親託外勞帶給你一張小紙條，顯然有非常重要的事。紙條上，不到五十個字，夾著一堆錯別字，每個字都塗塗改改，想來寫的時候多麼費心。你拿著字條，讀了許多次，意思不明，你不確知父親想表達什麼。你努力猜，似乎父親讀報時碰到一個名字，他想問你這名字跟某一件事的關連。

到父母暮年，言語溝通充滿歧義，時時需要考驗你的想像力。在他們堅持不開冷氣的公寓裡，你扯著嗓子試圖說清楚，一面抗衡窗外的喇叭聲。你並不確定父親是否聽見了你說的話……

言語不能發揮功用，有時候你乾脆先做再跟父母解釋。站在他們家廚房，你記得自己打開冰箱，趁沒人注意，丟掉一些過期的食物。你把開過的罐頭從冰櫃裡用力拔出來，沿著鋸齒狀的開口，棕黃色的鏽跡在冰上蜿蜒一長條……

後來想想，那些年處處都是跡象，父母已經不知道如何處理日常生活，但他們遲遲不願意向你開口。你記起那部法國電影《愛．慕》，片中女兒質問父親，為什麼明明在家而不肯接起電話？為什麼當她過來探視母親，重症的母親躺在床上，父親卻把臥房門從外面鎖起？那位父親的回覆是：「那些部分，不值得被人看見。」

童年的夢裡，你夢見自己奔上樓，門吱嘎一聲打開。門開時，裡面沒有人聲，父母不在屋內。推門的瞬間，心裡一凜。在夢裡你清楚知道，可怕的事發生了。

你曾在夢裡預演過許多回，當那一天終於來了，你依然不知道怎麼辦。

父母相繼故去後，照理應該整理他們的舊居，你繼續一季一季拖延。走進去那間公寓，你坐在地上就是一整天。直到窗外亮起路燈，你站起身，該做的事一樣也沒有做。

公寓空置多年，屋況不容你再拖，需要重新整修。施工的日子定下，拖到最後時刻，工人進去那間公寓之前，你匆忙離開，好像怕會在現場留下指紋的賊偷。

拆除工人上來了，壁櫥敲下去的時候，你租來的小發財車正在駛向倉儲的路上。父母的遺物裝了數十隻紙箱（單單他們的相簿就有八、九箱），外加幾一個黑色的大塑膠袋，先堆進倉儲，有一天會搬到你家，跟著你，直到你人生的盡頭。

小發財車停下，你站在租用的儲藏空間內。四周是到頂的水泥牆，讓你想到囚禁人犯的密室。幾個鐘頭過去，從下到上疊滿箱子，由地面堆到屋頂。

離開那間倉儲時，大鎖喔噹一聲，你這裡浮起異樣的感覺，萬一你在外面出了事，那麼，又將是誰，打開鎖處理其中的東西？你悶悶地想著，「倉儲」本身是隱喻，這部分的性格你跟你父親相似，對不知道怎麼處理的事，你寧願繼續擱置。父母的這些東西搬出他們公寓後，除了繼續堆著，你不知道該怎麼辦。

直到最後一天，你父親從未替離開人世做過任何準備。

你想著自己身後，託誰去雇來一台推土機？大鐵鏟舉高再放下，把你生前所有的東西鏟進去。隆起的土又推平，不留下一點痕跡。

你父親過世前幾年，有個奇特的夢。

夢裡是在車上，開始是輕快的氣氛。感覺中天氣很和暖，你帶著父母出去一玩。車內，父親、母親與你，三個人在講話。父親喜歡看風景，你一向讓父親坐在前座。這次，不知為什麼，父親坐在後座。你手扶方向盤，側過臉，跟後座的父親說話。你看一眼後視鏡，有輛岔出的車，來不及了。你無能躲閃，那一輛車朝你的車尾撞過來。

巨大的撞擊。失去知覺幾秒。你摸摸身邊的母親，母親在動彈。你喊，「爸爸」、「爸爸」，父親坐在後座。後座一片死寂。

後座沒有聲音，你慌張大叫。沒人回答。你大聲喊，喊著喊著醒來了。

你父親走前一個月，你曾經夢見他們住的地方失火了。

夢裡，你不住舀水救火，還要裡裡外外搬東西，急得一頭大汗。父親與母親坐在屋內，對著圍棋盤在打劫。兩個老人吵吵鬧鬧，像一對頑皮的孩子，爭的是誰在棋盤上多贏幾目。你著急地向屋裡張望，心中埋怨著到這種時候，這兩個小孩還這麼貪玩。

後來你回想，難道是大難來臨的預警？那是預告片，預示即將發生的事：憑一己力量，你救不出躺在火裡的父親。

父親走後，你還是不停地夢見他。有一次做夢，你夢見父親腳上的灰指甲，醒來前一瞬，你在搓磨父親變形的指甲。

下一回，又夢見父親的腳，你心疼地捧著，那是開始潰爛的一隻腳。

經常是夢到父親沒有故去，他好端端在你身邊。像是一次，夢見在電影院裡，父親坐在輪椅上，輪椅緊貼著你的座位。夢裡你鬆了口氣，原來沒事，一點事都沒有。一場虛驚，父親還在你身邊。

夢到父親，拖延著不願意醒過來。彷彿夢中你清楚知道，醒來，就會回到沒有父親的現實裡。

母親也離開人世之後，你進去父母的舊居，從中午坐到黃昏，聽見唏唆的聲音，唯一有動靜的是碗櫃下爬行的蟑螂。

再過一段時間推門進去，燈泡燒壞了，牆上掛鐘不再滴答。房間內一片死寂。成、住、壞、空，周轉過一回，整間公寓成了沒有生命的絕緣體。

於今一年一年，你眼睛在黯淡的光線裡益發吃力，你記起父親在你這年齡出現過的各種狀況。於是你試著回想，在當時，父親的眼疾怎麼樣發生？他怎麼樣適應提早來的黃昏？怎麼樣習慣暮色合攏來的感覺？

一樣的成、住、壞、空，一件件在你身上依序進行，然而你依然想不清楚，當年在父母的舊居裡，時間究竟怎麼樣流逝？

賞析

小說家經常被形容成一把銳利精準的手術刀，剖析人心，呈現最隱密幽微之處，只是那樣的剖析常夾帶著淋淋的鮮血與劇烈的痛楚，有時還有難癒的傷痕。

在《坦露之心》這本書裡，小說家平路也執起一把光潔的手術刀，只是下刀的對象卻是自己。全書的開場是一次浴池泡湯，一如書中文字，赤裸坦誠的揭露自己的身世、生命與心靈深處，伴隨著劇痛、創傷與癒合的疤痕、療復的寧靜開闊。

〈遺物〉是《坦露之心》楔子之外的第一篇，描述平路在父母過世數年之後，回到他們曾居住的公寓整理遺物。此時的她，已穿越父母各自的人生所織就的身世之網，帶著滿溢的回憶與全然一新的心境，重新碰觸公寓裡再熟悉不過的一切。

門一打開，出現在眼前的是倉儲般堆疊的物品，每一件都保留了主人的一部分，有時是他們的性格，有時是生活的軌跡。例如缺角、破裂的碗碟裡有父母惜物的個性，衣櫥門邊的皮帶留有父親腹部的餘溫。腰帶包、手杖、鴨舌帽，一起勾勒了父親過往出門時的模樣；舊鞋的形狀和磨痕，保留了父親走路的習性。

有些物品，則保留了時間在主人身上雕鏤的印記。例如架上的舊書，有父親記下的購買日期，有過往父親閱讀的軌跡。隨著時光流逝，父親逐漸年邁，閱讀與書寫也日益艱難，言語中充滿歧義。時間雖然帶走了很多東西，卻也帶來了許多新的。而這些新的東西，有時是如此陌生，令人難以辨認，以致必須重新熟悉、適應。

除此之外，物品裡也可能殘留著一絲來不及縫補的遺憾。例如母親留下來的鞋子，讓平路自省對母親始終不夠好；斷裂的項鍊、老黃的珍珠，讓平路追悔當時為何沒有幫母親買一條新的。然而這一切就像那斷裂散開的珠子一般，無法重新串連。

還有一些物品的意義，即便平路看不出，但父親總是拿在手上摩挲，喃喃訴說它們的故事，足見它們在父親心中必然具有十足的分量。例如床邊玻璃櫃門後的人參、維他命、狗皮膏藥、總統華誕紀念酒。

一件件遺物，就像舀起一瓢瓢的水，注入了乾涸已久的河道中。當大水漲起，川流不息，那艘人生的船隻彷彿又能自在地航行。看著這艘船駛往成、住、壞、空的旅程時，尾隨在後的我們，對於前方的激流與漩渦，似乎能感同身受，因為我們會明白，這一切，自己也終將親身經歷。

（林皇德）

沒有疼痛

盛浩偉

左上的那顆虎牙終於也抽去神經了。

虎牙右側的那顆側門牙，還有虎牙左側的那顆小臼齒，早就因為蛀牙嚴重而根管治療。之後我的虎牙便孤伶伶地，被左右兩顆虛有其表的空牙包夾好長一段時間，顯得無助。

我並非不注重口腔衛生，可是即便早中晚飯後皆刷牙，還不忘加上牙線漱口水，卻怎麼也無法阻止蛀牙。我曾問醫生，是不是那些辛苦清潔的努力都是徒勞？醫生告訴我別灰心要持之以恆，現在這些蛀牙過去都曾經治療過，只是殘存的細菌躲在補牙材料底下繼續深掘，抵達神經。

這實在好令人沮喪，彷彿什麼都已經注定了：我僅有一次機會，而事情一旦發生，便再也無法彌補。某段時間，我曾經很努力回想事情的原點，彷彿找到了原點就能夠改變或挽回些什麼。直到幾年前為了搬家，整理抽屜，才無意間翻出了一張攝於美國，以大峽谷為背景的相片。前景是父親和媽媽，他們擁著我對我笑，而我也對著鏡頭露出那一口乳牙，開心地看著前方笑。

那是我三四歲的時候，父親為了攻讀學位負笈美國。一年後，媽媽才帶著我前往。彼時尚不懂陌生和鄉愁的意義，甚至沒有意識到語言的差異，自然而然便融入當地的幼稚園和那裡的環境，和附近的孩子開心相處，毫無隔閡。偶爾父親開車載我們到各處遊玩，沿途歡笑，沐浴異國的陽光，天際線總是那樣遼闊明朗。這張相片便是那段時間裡照的。

記得萬聖節前夕，我不斷要求媽媽替我買電視廣告上的新玩具，好讓我在隔天社區聚會上能向其他小孩炫耀。但因為吵鬧，惹惱當時正為論文煩躁的父親，被他拳打腳踢加上皮帶毒打了一頓。後來我才知道，在美國，父母打兒女很容易惹麻煩上身。只記得那晚睡前，冷靜下來的父親和媽媽走到床邊，他對滿身瘀青的我說，明天聚會若有人問起身上傷痕，要說那是不小心從樓梯跌下來造成的。一旁媽媽的表情尷尬而複雜，我還未能理解，只好乖乖點頭，以免又遭毒打。然而隔天，那些長輩聽了我摔下樓梯的不幸故事，反倒給了更多糖果，比其他小孩得到的還多。手上的南瓜桶裝得滿滿的，像我那飽漲的虛榮心，更掩蓋了說謊帶來的小小罪惡感。

我毫無節制地迅速掃光所有糖果，但幾天後的深夜，嘴裡的牙便紛紛使我記起挨打的痛楚，那些未消的瘀青也開始發熱腫脹。媽媽打了好多通電話，又深夜開車跑了三四家急診，才找到設有牙科的醫院。

這便是初次蛀牙，也是初次看牙的記憶了。

我在美國只待了一年多。父親攻讀學位失敗後我們便返回台灣，但從此，我彷彿注定與蛀牙脫離不了關係，即便那時只是乳牙，幾年後就開始漸次掉落，但在換牙的時間差裡，嘴裡充滿一些快要掉的舊牙，一些蛀得更深的牙，一些才剛冒出頭的新牙，青黃不接，慘痛頻仍。看牙的記憶攪和如紊亂的毛絮，分不清前後，只記得一再躺上那冷冰冰的座椅，看眼前那團炫目的光，聽耳邊那刺耳的聲響，重複張口，漱口，張口，閉口，如此，疼痛才暫時縮回它強勁的觸手。

令我感到訝異不解的是，我的乳牙和恆牙竟宛若親子，也會遺傳基因，在美國時蛀的那幾顆牙，即使換成了恆牙，依舊在不久後開始敏感，發疼，齒齲。彷彿那堅硬琺瑯底下的柔軟神經也有記憶，會一再地憶起美國那晚的疼痛，然後一再地將之重演。

總是在夜晚，總是一樣痛得令人想流淚。

回台灣沒多久，夜夜我總在半夢半醒間聽見隔壁房間的聲音，男人的叫罵，一些撞擊，一些泣咽。我閉上雙眼，美國的那段記憶又重新浮現，沒有畫面，只有痛覺。我甚至曾經懷疑那不過是幻聽是惡夢，只要醒來世界就又會回歸正常。

一夜，那些聲音再次響起，比以往更激動，更暴烈。不知哪來的勇氣，我跳下床，小心翼翼開了隔壁房間的門。

橙黃的燈光下，媽媽癱軟在床上，手臂滿是瘀傷，流著鼻血。

我衝上前，大聲喊叫，阻止父親高高舉起的手。

父親回過神，發現自己在瘋狂中做的事情，瞬間恍然大悟。

下一刻，他衝了出家門，留下我，和媽媽。

這麼多年的看牙經驗讓我明白，蛀牙是只能治療，不能痊癒的病。牙醫能做的，只有用鑽子鑽開堅硬的琺瑯，把蝕壞的部分除去，再用別的東西彌蓋，可是那鑿開的洞，是永遠在那裡了。蛀牙的當下，就預告了這顆牙的未來不會更好，只會更糟，就像某些事情一旦發生，便再也無法彌補。

我常思忖，那一切真正的始點，是我莫名鼓起勇氣開門揭露真相的當下？或是我喊出了那不可挽回的「不要再打了」？只是不管答案為何，從父親衝出門的那刻起，就注定了他未來再也無法踏入我和媽媽之間。

事件後，父親不願簽下離婚協議書，百般解說是為了我成長健全著想，卻同意和媽媽維持分居。他仍會不時打電話或試圖用其他方式再闖入我和媽媽的生活，然後無端發怒；我們則總是沉默以對，靜靜承受所有兇惡不堪的話語。

每次發怒到最後，他會一再責備我們離他而去，而這才又喚起我記憶裡，他那奪門而出的恍惚身影。

他以為努力便能挽回什麼，但世上大概總有些事並非多給一些糖果就能文飾的。我們不是不想與他親密，是不能。

永遠不可能了。

而在那段蛀牙接連不斷，加上換牙時差的混亂時光裡，我的診療椅旁永遠是媽媽看著我，一如在美國那個深夜裡她開著車四處尋找診所的神情，緊張，而鎮定。麻醉針是牙醫所有器具裡最巨大嚇人的東西，每次打麻醉時，我總是害怕得閉上眼。這時媽媽會牽起我的手，不說什麼。黑暗裡，牙齦只感到一絲疼痛，然後是腫脹，然後便失去痛覺。

我捏著媽媽的手，不禁懷疑，暫時解除痛覺的，究竟是麻藥，還是媽媽那拚了命的神情換來的。

約莫是升上國中後，過去那些蛀牙、換牙的動亂平息了下來，不再此起彼落打擾我。也大概是那個時候起，父親穩定下來，與我們確立了較為規律的相處模式：每年一次，除夕過年會和他回奶奶家，與親戚相處客套寒暄，但氣氛和笑容同等僵硬，比陌生人面對面用餐還要尷尬。

就那一晚，除此之外，我們年內便不太會再相見。像是蛀牙，只要深入神經毫釐，便發疼；而這一年一次的相處頻度便是我與媽媽所能承受的，痛楚的極限。

幾年前搬家我翻出的那張相片，是最後一次我們三人的旅行。背景裡那道峽谷橫溝，幽影叢聚，深不可測，彷彿是我，媽媽，和父親的寫照。

那也是至今我所能找到，唯一僅存的三人合影。

但我終究會習慣，終究得要習慣。習慣之後，有好長一段時間，事情像是沒發生過，也很有可能我們都假裝那不曾發生。而時間像結了冰的湖，我總以為可以安全度過湖面，就這樣向前走著，走著，沒想到某處會有薄冰，讓人再次陷落。

不久前，智齒萌發，齲齒四起，難受得不可思議，更不巧的是在周日發作，求助無門，只好先到藥房買了止痛藥，隔日立即預約宿舍附近的牙醫。

陌生的診所，冷冽的陳設。填完病歷表上的資料，護士先替我照了整個口腔的X光。醫生看著那X光片，驚呼怎麼補的牙齒那麼多，我仔細一瞧，片子上齒列間摻雜著一粒粒不規則的白色團塊，彷彿戰場被轟炸得坑坑洞洞，慘不忍睹。

被醫生指責的第一時間裡我不是感到羞恥，而是深深地疑惑，疑惑過去自己是如何能靠著「習慣」度過那樣的時光。被淡忘的過往緩緩甦醒，影像在眼底清晰，聲響在耳邊響起，我又隱約感到痛楚。痛楚。牙的，肉體的，神經的，心的……

原來，所有痛楚都是一樣的。

醫生說以前補過的那顆虎牙，補材底下又持續被蛀蝕，神經發炎，務須抽除。我愣了一下，才點了點頭。

抽去虎牙神經是我看牙經驗裡最煎熬的一次。這次我獨自躺上診療椅，牙齦、內顎各挨了麻醉針，嘴唇和齶顎都發腫癱軟，掛在臉上毫無力氣。但神經發炎得兇，麻醉仍無法抑止痛楚。最終醫生無奈，只好先鑽掘過去的補材，露出神經。我拿起一旁檯子上的鏡子，透過醫生的口照鏡，雙重反射，看見鏡子上虎牙裡側冒出一顆紅點。牙內神經的真面目，所有痛楚的根源。

醫生拿起麻醉，針頭對準紅點，小聲叫我深呼吸，做好心理準備，便毫不遲疑地刺了下去。霎時我疼痛得無法形容，只緊抓診療椅旁的扶手，忍住了喉頭吶喊卻忍不住全身強烈顫抖，面前那盞燈隨之搖晃擺動，在安靜的診間裡嘎嘎作響。

那一刻，我突然莫名想起升大學前暑假的某個早晨和父親的爭吵。

雖然實際上是他根本忘記我是何時畢業、何時考試，但仍舊因為大學選系沒和他討論，而在放榜隔天的清晨五點左右打電話來「教訓」我和媽媽。躺在床上滿是睡意，有些昏沉與迷茫，我聽著話筒那端聲音裡的不悅與輕鄙越來越高漲，竟一反常態地被激怒了——這麼多年來全無一句道歉或分毫資助，只留下一份針氈般的回憶不斷不斷刺痛著，這個人，又到底憑什麼干預我的未來？

我於是衝動回擊了。

回擊，撕去了這麼多年來表面的和平，如同我初次出聲阻止他的那個當下，一說出口，就無法回頭；一旦發生，便再也無法彌補。父親提高音量，我便用更高的音量。他質問我怎麼不和他一樣讀理工，做些「更有出息的事」？我說，你要我學你，然後和你過一樣的人生？

要我，和你，過一樣的人生嗎？

父親結巴。然後哽咽，彷彿哭了。

他居然哭了。

對話慌亂地結束。

我止不住眼淚。

媽媽也靠著我房間的門，我們三人各自在不同的地方，哭。

茫然的早晨，微涼的風，痛楚靜止，時光凝結。

轉眼，大學都要畢業，我不再如與他爭吵的彼時那般果決，堅定，相信自己。我更加體會到世界的複雜，體會到有很多事不能用三言兩語說盡，體會到有一些事比疼痛還要令人難受，也體會到無法光用糖果搪塞的事情，比我想像的多許多。

但那已是我至今最後一次和父親說話了。

麻藥開始作用，醫生熟練地拿起器具，螺旋的針尖伸入虎牙上的紅點，左右上下刮除神經。經歷方才那番劇烈的抽痛，我竟感到疲憊，卻也莫名安心，遂緩緩潛入夢鄉，任憑醫生施行治療。

之後的幾周，醫生重複清理那顆牙的腔室，確認裡頭潔淨無菌，沒有殘留渣滓，才安心填上補牙的樹脂。又照了X光片，診斷其他牙齒尚能維持安穩，蛀牙彷彿也於此告一段落。之後也只能持續清潔口腔，持續抵抗。

而我不知該喜該悲，不知該放心還是該感嘆，因為那虎牙再也，再也不會有任何感覺。卻也只能這樣。

現在，這顆抽去神經的虎牙，夾在左右兩顆同樣的空牙的中間，三顆牙靜靜地附在我的上顎，不再哭鬧或惹事，不再無助。

彷彿無意間找出的那張相片，前景是父親，我，和媽媽，三人和平並列。年幼的我站在中間，瞇著眼凝視好幾年後的自己，露出那一口完好乳牙，開心笑著。

沒有疼痛。

賞析

班德醫師（Dr.Paul Bran）和楊腓力（Philip Yancey）所寫的《疼痛：不受歡迎的禮物》

（*Pain: The Gift Nobody Wants*）提到：疼痛是人類最忠實的守衛。打噴嚏、發燒、咳嗽、起水泡，乃至最惱人的疼痛，都意味著身體的自我保護機制已經啓動。「無痛症」(Congenital Insensitivity to Pain, CIP）患者缺乏疼痛接受器，無法感覺疼痛。因為沒有痛感，常常身處危險而不自知，對受傷、感染的狀況也缺少察覺的能力。如此說來，疼痛這一份不受歡迎的禮物，是造物者賦予人類適應生存的一項武器。

盛浩偉的〈沒有疼痛〉寫的正是疼痛，以及疼痛所帶來的成長故事（或事故）。這篇文章的敘事方式，有小說化的傾向。人物塑造、情節推進、關鍵意象，皆具有短篇小說的神髓。敘述者以「抽去神經的虎牙」與左右兩牙暗示一家三口的關係，藉此鋪陳家庭裡的暴力、疼痛。肢體暴力、語言暴力、關係暴力，寫得層次井然。因為曾經有痛，文章結尾顯得張力十足：「彷彿無意間找出的那張相片，前景是父親，我，和媽媽，三人和平並列。年幼的我站在中間，瞇著眼凝視好幾年後的自己，露出那一口完好乳牙，開心笑著。」

牙齒的疼痛似乎在抽去神經之後就「沒有」了，但精神的折磨與痛楚呢？〈沒有疼痛〉裡的人物，如此鮮明地，痛著，也在著。

（凌性傑）

退回洞穴

楊佳嫻

至今我仍記得妹妹房間的氣息。汗味，體味，食物，菸味，滲進牆壁和一切家具。當初搬家時，妹妹自己選了這個沒窗戶但較大的房間。我不太願意進去，那氣味有拒人千里的意思，彷彿突然闖進以為封存多年其實一直有人秘密使用的防空洞。她在躲避誰發動的空襲？

情況沒什麼起色，洞穴的門天長地久地緊閉著。母親找了素有口碑的算命仙商量。半仙鐵口直斷：這孩子的房間是不是很潮濕？母親很驚訝：對啊，剛好就在浴室旁邊，又沒什麼陽光。半仙說，最好能換房間，不然就是買個除濕機，讓房間乾燥一點，應該會有點幫助。我不懂命理，不知道是怎樣的連結，竟可以隔空命中，看出房間乾或濕。也許是真的罷——房間裡的濕氣，聞起來那麼不快樂，那麼有重量，像隔著牆就是海底。

母親說，除濕機已經買了。

買得太晚了嗎？

※

妹妹出生時，相差五歲的我已經擁有自己的小世界。我一直想要弟弟。生出來是妹妹真令人失望。母親喜歡跟親戚講笑話：「阿嫻說生出來是妹妹的話，要拿菜刀剁一剁丟掉！」當時社會新聞不像今天這麼刀光血影，母親理所當然認為童言無忌。

出生時妹妹額頭凸得不得了，皮膚又黑，醜死了。愛美的母親直說：「怎麼會長這樣！」大概感應到這分遺憾，長大了，額頭慢慢弭平，妹妹細緻五官才逐漸浮出，母親喜形於色，又當著我的面跟鄰居說：「粗看是阿嫻好看，其實阿馨其實生得比阿嫻幼秀，較耐看。」我一旁聽了生氣得不得了。

似乎感情很差，其實也不完全是這樣。我記得妹妹如何擺動雙腿駕駛學步車，記得她第一次從嬰兒車欄杆旁走了幾步撲跌進母親懷裡的模樣。記得我曾幫她洗過尿布——那時候紙尿布那麼貴，不少人還是把家裡不要的布料裁裁好，層層包疊，反覆洗滌使用。家裡置下的動植物童書，我和她都喜歡讀那本《蛇》，手汗讓銅版紙都變得灰黃，也脫頁了，印有美麗翠蚺圖片的那面終於不知道散落到哪裡去。等到妹妹再長大一些，她和我共享夜市書攤買來

《瀛寰搜奇》，反覆閱讀殺人魔傑克與旅店奇案，還有遠流出版社整套《中國民間故事》，我們都喜歡新疆卷裡阿凡提作弄老爺的機智故事。

讀大學時離家北上，快樂得根本不想回家。妹妹正值青春期，該有的叛逆、陰沉，一點都沒少，就和我當年一樣，整天穿一身黑，有意地抵抗母親認定的女孩氣質。那個年紀，鄙視蕾絲、粉紅色和蝴蝶結，信賴陰影勝過陽光，受一點點傷就覺得此生已矣。見面稀少，但是我不覺得妹妹有什麼問題。她讀我讀過的小學、中學，教過我的老師也教她，她的不快樂我似曾相識，總以為不過是必經路程。

※

妹妹曾經非常喜歡畫畫。母親也覺得，兩個女兒，一個喜歡文學，一個喜歡美術，挺不錯的。也許是女孩子，比起非得讀有用科系不可的男孩子，多了一點游移空間。也許那是一個小康家庭對於何謂高文化水平的想像的一部分。

然而有一天，妹妹突然宣布，不想畫了，也不上美術班了。忽然她變成了一個尋常的孩子。有一天，她又宣布，喜歡做菜，大學要去讀餐飲管理。這一點可能受到父親影響，父親年輕時是酒保，會調好喝的酒，也會做漂亮水果雕花，妹妹曾真的自己雕過一盤橫七豎八的水果，父親大笑說才不是這樣，但是顯然非常高興。真的考上了餐飲管理，讀到第二年，有一天她忽然打包回家，說自己辦了休學了，她討厭唸書，系上都在教管理沒教做菜。有一天——

總之，妹妹考驗母親的方式和我不一樣。我老是在戀愛，妹妹老是不確定要做什麼，換言之，就是不知道要以何種身分變成社會網絡一分子。母親習慣了第一個孩子從小立志寫作，多年來從未變心，第二個孩子朝令夕改反而令她無措。休學後，妹妹做過無數工作。一開始先去高檔餐廳端盤子，被要求畫淡妝，她皮膚敏感，兩個禮拜下來吃不消，只好辭職。做過夜店外場，會計，7-11店員，美髮沙龍學徒，可能還有許多零碎是我所不知道。有次母親不在，她告訴我：「以前在夜店啊，有黑道喔！那是黑道開的喔。」語氣像是遇到明星。而她最後一個工作是這幾年流行的百元理髮店剪髮師。

不知道從什麼時候開始，曾經完全沒辦法上妝的妹妹，變成一個整天圈著煙燻妝，看不到真正眼神的女孩。長年在臺北讀書，我錯過了妹妹從青春期到成人的全部過程。父母親分居後，她也偷偷跟父親聯繫，心情好時她會告訴我。她會問候我的戀愛狀況，加上幾句評論，嘻嘻哈哈的。妹妹說她都告訴朋友：我跟我姊一年見不到幾次面，很少說話，但是我們感情很好，我姊姊講話超好笑的。她有次和朋友到臺北來，打電話約我在台大側門對面麥當勞，剛好隔天《聯副》刊出新世代作家十人對談，我也在內，還附上照片，妹妹又打電話來：「昨天那個男生啊，早上打開報紙剛好翻到，說這不是昨天看到的那個人嗎！這不是你姊嗎！印在報紙上耶！好好玩喔哈哈！」好多年前的事情了。啊那樣無拘束的笑聲。

這樣的妹妹，也反叛過，也開朗過，也煩惱過，可是——有一天，竟然無法再工作，無法與人好好互動，躲起來了。是的，妹妹變成了憂鬱症患者，待在房間的時間越來越長，像一個被文明所驚嚇、時空旅行中跑錯棚的原始人，一步步退回洞穴。遭遇過一場失戀打擊後，妹妹在工作上的人際關係出了狀況，加上工時長，三餐不定，私人時間少——這些只是能夠指認得出的部分。迅速失去電力的內心，是什麼樣的紋理什麼樣的風景？語言能表述的，不過千分之一。

也許我太高估了人的自我復原能力。她曾經對於不再感興趣的事物如此當機立斷，為什麼卻陷入了自我否定的情緒迴圈裡呢？她覺得不被愛嗎？還是對於愛的感受力下降乃至消逝了呢？曾經，在我們不大見面的幾年間，一旦見到了面，說起話來，姊妹的親密感立刻將我們包圍。是什麼時候，黑夜來過以後就不走了？

那些鹽粒，爐渣，廢金屬，一撮一撮塞滿了縫隙，所有長出來的東西都是壞的，毒的。妹妹的心像一幢海砂屋，外表稍有剝蝕，看上去還完整。忽然就無聲無息垮掉了。

※

最後幾年時光，是母親陪伴著妹妹。憂鬱症病人家屬，尤其是貼身照顧的那個，也彷彿是封存在另一個結界裡，怕自己幫得不夠多，不能成為助力，又怕幫得太多，給人壓力。施展不開手腳，審慎考量每句話的重量，不知道該不該讓親戚朋友知道。妹妹謝絕了大部分原來的朋友，不願意和家人一起出門，卻又泡在網路上，半夜和網友約見面。也許陌生人更可以輕鬆相處，這種心情我也不是不能體會。母親非常擔心，但是醫生說，至少她還想跟人接觸。醫生說，給她一點自由，別管，重點是盯著藥是不是都吃了。

母親時常偷偷檢查妹妹藥盒，果然，一格一格，按時消失。

該說這是某種體恤嗎？按時吃藥，確實讓母親放心了一些。直到出殯那天，妹妹長久保持聯繫的朋友才吐露，其實，她都把藥丟掉了。是因為沒吃藥，所以死意才如此便捷地累積，還是死意甚堅，鐵打不動，讓妹妹覺得吃藥也沒用？不吃藥有多嚴重，吃了藥又可以在什麼層面幫助康復，沒有任何家人、朋友，真能夠拿捏。在洞穴裡，堅硬與崩解並存，也叫喊過，可是有回應也聽不到，只能聽到自己的回聲。

警局打來電話，言簡意賅。妹妹沒有選擇在她的洞穴裡做完最後一件事。不，那是因為，洞穴就在她身體裡，她可以在任何時間任何地方，躲到那處往內長的暗房內。

那家汽車旅館就在警局對面。進到現場前，警察發了口罩給我，順從地戴上，然後才想起為什麼需要口罩。已經超過十二個小時，該腐敗的都已經開始腐敗。我手腳有點麻痺，胸口略為滯悶，也許是旅館冷氣開得太強。兩天前還說說笑笑的妹妹，挑了母親和我都略為放心、也都剛好離家不在的時刻，挑了買炭不使人起疑心的中秋節。

房間裡的房間，乾濕分離的小浴室，洞穴一般。所有縫隙都以打溼毛巾塞住了。是趺坐姿態，昏迷時往前側傾斜，彷彿在向什麼痛苦頂禮，就凍結在那虔誠瞬間。隔著玻璃只看了一眼背影，或者好幾眼，也許只有兩秒鐘，可是我覺得已經看到太多。不能再更多了。立刻向警員點了一下頭，退了出來。警員追問：「你沒看到正面，你確定嗎？」

※

指認遺體，聯繫葬儀人員，喪禮有表姊妹幫忙，整個過程我奇異地只感覺到乾燥。像有什麼人住在我身體裡，看見來憑弔的人靠近時知道要致謝，記得要請假，要調課。卻一切都沒有切身感。喪期間某日抵達靈堂，忽然從散落桌上的葬儀社廣告單上，迎著光，看到一行字。是多年不見的父親留下：「來看過了。」還有潦草簽名。我只能單純認識到：他來過了。沒有其他感想了。

一個也曾以同樣方式失去兄弟的朋友說：「妳不要太壓抑了。」我堅持沒有。死亡總伴隨著許多世間要求的儀式，再商品化為各式各樣可供選擇的配套。儀式使我疏離，我沒辦法立刻和自己對談至親之人的死亡。

直到李渝去世消息傳來。

李渝的憂鬱症始終不曾真正復原。從來沒想過，我和心愛的作家，竟然會在這個層面上，電光石火般突然加深了聯繫。知道消息那日，一個人在網路上閒逛到深夜，某個畫面忽然竄出來。博士剛畢業那年，我和李渝一次長達五個小時的聚聊，她回台大客座，學期將結束，快回美國了；順帶陪著去新生南路眼鏡行拿新眼鏡，她偏過頭朝著我一笑，午後陽光正好鍍過新鏡片一角，她的眼神借了光，讓我以為最大的傷痛也可痊癒——

眼淚毫無防備地湧出來。心也會繞路，但是命運將指引它回到原地。也許它繞路是為了給我餘裕，才能真正打開掩埋的暗房，讓痛苦曝光。

幾日前，和另一位朋友聊到報稅。聽到我繳的稅額，他說，大概因為妳只要扶養一個人，沒辦法節稅太多。突然針刺了一下。一條細絲穿過心尖。血緣帶來重壓，那叫做家庭的物事，本來就是我的寫作裡最初的破裂根源；現在，這根源縮小了體積嗎？剩下兩個人，沒有誰跟誰相依為命，不過是各自變得再堅硬些。

妹妹離開已三年。母親性格堅強，喪事結束後，很快打包一切，丟掉許多妹妹的東西，搬了家。這是她繞路的方式。衣櫥裡還有一件雪花般起了毛毬的黑色舊大衣，我曾穿過，又再轉手給妹妹；除濕機覆蓋著塑膠套，靜立在新家儲藏室角落。這些都不曾真正幫她抵擋從內裡湧出的寒氣與濕氣，卻是洞穴遺物，帶著遺跡必然的重量，鎮住我們剩餘的歲月。

賞析

關於親人的永遠離去，楊佳嫻說：「死亡未必都是悲與壯，也可能是尷尬。妹妹去世後，我第一次和朋友們碰面，怕他們擔心，自動以刻意輕鬆口吻談起，大夥卻訕訕的，有點迴避的意思，落後我才領會，那是他們怕我傷心，故意都繞開。」然而繞不開的事情，都記錄在〈退回洞穴〉這篇文章裡了。文章一開頭就直接描寫妹妹的房間，那裡面的濕氣聞起來是有重量、不快樂的。發生在這個房間的故事，既與妹妹的死亡相聯繫，也與書寫者的記憶相聯繫。

事情發生了，楊佳嫻去汽車旅館（另一個房間）指認遺體，安排後續葬儀事項，也讓情緒安置在標準化作業裡。但一切行禮如儀，看似少了「切身感」，實則其中暗藏大慟。楊佳嫻後來如此自剖：「心也會繞路，但是命運將指引它回到原地。也許它繞路是為了給我餘裕，才能真正打開掩埋的暗房，讓痛苦曝光。」當痛苦曝光了，洞穴、房間、死亡這些關鍵意象遂成了一組生命密碼，標記了已經離去的人，並且刻印在活著的人心裡。

楊佳嫻筆下的洞穴，一方面指家屋空間，一方面指心理空間。她說：「妹妹的心像一幢海砂屋」、「洞穴就在她身體裡」，身心裂變造成了無可挽回的憾事。那可能是因為自我與自我的疏離、自我與他人的疏離、自我與世界的疏離。

心到底要繞多少路？血緣、家庭會帶來多少重壓？傷痛是否可能痊癒？想記得、不想記得的究竟如何相抗？這些問題難知難明，或將可能成為隨身的糾纏。記憶纏縛之處，洞穴依然幽暗潮濕。

（凌性傑）

尺八癡人

言叔夏

有一天，那或許是九月，十二號左右，我走了一段很長的路，沿著一條河。到路所能被走的最遠的地方去。然後我蹲下來，我覺得有一顆種子正在我的身體裡面，像是產卵。那是一種千真萬確的感覺。我確實在那個傍晚的河邊種下了某種東西。可能是象的孩子。可能是食人植物。更多可能是大量的黑色斑馬。我站起來然後我試圖說：好了現在你們都在這裡了。我就回來。

睡夢時夢見戰爭。複雜的數學課，小時候我喜歡過的雙胞胎哥哥坐我左邊。他問我：不織布是可以吃的嗎？我說我不知道。他又再問了一次，然後他把不織布吃了。各種時期的同學都在同一堂課上，而且維持著他們本來的大小。我被叫上台去黑板計算一個冗長的數學算式，有角度問題，有一個圓圈裡面畫著一個等腰三角形，三角形的頂點正好是圓心，有人以那顆圓心為中點畫一朵花，用紅色跟黃色的粉筆。我問旁邊的人說：這是什麼意思。旁邊的人說：這是角度問題。我非常困惑。但我知道重點一定在那朵花。我繞過等腰三角形。教室的外面應該有戰爭，但或許是化學課，有煙霧不斷產生，有調配的氣氛。我不知道該不該再計算下去，但下面的人都很安靜，而且可能我不會知道那答案，我一直在黑板上繞著圓心畫出更多的花瓣。

睡醒以後已經傍晚。原來是午睡。而且原來一天又要結束，落地窗外的白天像一面剛漆好的牆大片溶進地板，我撫摸著棉被，把它當做一隻忠實的狗順著他的毛撫摸，然後我撫摸著自己，手臂，小腿，腳趾，臉頰的肉，還有骨骼的正確性。我盡量安靜屏息摸過每一根骨頭，包括他們的轉彎以及他們的筆直，那轉彎像是一個軸，那筆直非常固執。我意識到：一個箱子。我意識到：火柴棒組成的盒子。然後我才意識到：是我。我驚訝「我」非常之小。我可以感覺到它幾乎是火燄，而且是火焰裡最小最小的藍色。對。它是藍色。接近黑夜。極可能是一種午夜藍。

窗外什麼戰爭也沒有。包括車禍。有時連一場平靜的碰撞也非常奢求。或許戰爭在更遙遠的地方，而所有的飢餓都是傳說，我是這樣極簡潔地生活每天喝水使自己透明又總是忘記在旺季旅行。有朋友終於去了英國，從遙遠的城市寄來明信片。東倫敦到處都是亞洲人，住在左邊公寓的阿拉伯人，每天早晨都要起床向東膜拜，窗帘繪有大象花紋。住在樓下公寓的韓國人則一天到晚都在吃泡菜，經常出發去一個邊境的中國超市買回最多最多的高麗菜。窗台對面的小酒館整夜都不停演奏印度音樂，我到底是在倫敦呢？還是在阿富汗？我們是在國中課堂上那種十二歲還需要分組焊接一個工藝課的門鈴線路或錫鐵製品的年紀中相遇。我多麼討厭工藝課因為始終無法明白用木條與白膠到底為什麼能夠做出一座鐵塔來。它們老是顫抖歪斜到最後又全部一起嘩啦嘩啦地傾塌摔碎。我老是做出一些極平常且令人不知該如何評分的東西，比方說桌椅，比方板凳，那些簡單方便又極便宜的四方形，如同三角鐵（我老是跟小學音樂課中被分配到三角鐵的小孩成為朋友）。但我又如此喜愛那些錫，那些液態的錫，在銲槍裡被一顆顆打出如同水銀落地，緩慢冷卻變成固體，原來門鈴的肚子是如此美麗，幾乎是蚌，有珍珠在緩慢生長（因此它被命令在一個下午的郵差拜訪中發出音樂也就不令人吃驚了）。我們都還很小，穿上新買的制服，衣褶還硬硬的還在那裡反抗骨骼。我們圍在雨天的工藝教室的講桌，看捲頭髮的工藝老師喀一聲剝開某種尋常電器，一個隨身聽，一排鑲有掛燈的木板，一個簡單的音樂盒。盒子上還有跳舞的芭蕾舞者踮著腳尖，一隻腳伸展向後，另一隻腳獨立地站著。老師說：這是一切。老師又說：一切就在那一切的下面。他旋轉芭蕾舞者，原來芭蕾舞者是一種栓，音樂盒散開，裡面充滿齒輪跟線路，還有一個金屬小盒。我拿起那個，在耳邊搖了搖，什麼聲音也沒有。

長大這件事是一件很奇怪的事。好像有一個時期隨時都有人在提醒你最近又長高了多少，並以此給予你讚美（多麼容易的讚美簡直每天進食運動遊戲又西瓜般變大即可獲得，像收成後那些田裡大片大片不要的番茄）。嘴巴裡的牙齒吃再多糖掉了也都會長回來（原來我是曾經如此揮霍地吃著那些糖又如此懶於刷牙，如果我們的牙齒都會不斷地長出新的來，我們還會每日早晨起床重複那荒謬的刷牙動作嗎？那簡直是喜劇，如果刷的是假牙那就是合法的喜劇）。突然有一天它的節奏就慢下來突然它像一棵樹的指尖所能碰到的最高最遠的天空，就在那裡停住了。我突然變得這麼大，像一個太大的箱子，箱子裡的三顆蘋果好像曾經被誰取走過一顆兩顆又放了回來還是保持三顆。一開始那箱子很小，蘋果幾乎以為自己就是箱子，但極可能有人偷偷換過了箱子，在夜晚在一個黑暗衣櫥在某種熟睡時刻，於是每次搬家我是如此害怕衣櫥裡的陌生動物，那可能極黑，或許是一種蒙古人的大象，漸漸把你變大裝箱又漸漸在睡眠裡把你運送到遠方。我們漸漸搬離原本的城市，去到一個陌生的地方。

我記得小學的同學裡有一個女生，她們家就在我們住的那個小鎮轉角的街上，離學校很近所以常常賴床遲到，爸爸是花蓮人所以後來搬家轉學又回去了花蓮。我們常常一起寫作業，在午後亮晃晃的巷子裡不停穿梭地騎腳踏車。那是一個充滿巷子的小鎮，簡直這些馬路上的店家跟騎樓都是假的都是單面的可以隨時捲走，都是為了掩飾它們背後那個龐大的迷宮。那些巷子都極窄簡直鹿港摸乳，藍色鐵捲門的下面坐著一個老人，他們的臉都爬滿皺紋像某種貓而且極疲倦。那些午後都很炎熱都充滿午睡氣氛，你幾乎以為整顆地球都像一種皮球慢慢靜止全世界進入某種催眠符咒。只有你們的單車喀啦喀啦壓過那些轉彎。那些永無止盡的轉彎。後來我到花蓮住了很長的時間，有一天在美崙坡上看見她穿著制服騎腳踏車而且竟然正在轉彎上坡，那轉彎極正確正確到令人不疑有他，我立刻地騎車去追，在第二個紅燈過後我才想起來，我已經二十歲，而她一直都會只有十一歲。

我不知道為何我如此經常夢見侏儒。在一個馬戲班。有象，有獅子，有很多火圈，有一個印度頭巾的吹笛者，還有空中飛人。他的披風是深藍色，他的腰帶極亮，他首先走過一段鋼索，然後他咚一聲掉下來。我無法知道他後來究竟怎麼了，有沒有順利抵達另一段鋼索，又或者其實已經直線墜落，夢中的我非常擔心。舞台燈光慢慢變暗，動物排成一列（牠們長短不一宛如某種手風琴管）。一個侏儒從舞台的右方走上來，坐到燈光下。所有的燈將他聚成一個黑點。那簡直像一顆逗號。那就是他所能做的唯一一種表演。

我在靜止中醒來。在某種停頓的逗號中嘎然驚醒。靜止，全面的靜止，有時比噪音更能使人甦醒。房間的地板似乎還有流浪馬戲班紮營後所留下的灰燼，一個侏儒坐在那裡，戴著高高的圓帽，穿條紋上衣，用手摀臉。我喝大量的水而我慢慢感覺我正在慢慢甦醒，我慢慢醒來然後我慢慢想起他的臉。

我想起小時候喜歡的雙胞胎哥哥。是十一月生日的小孩。髮色很淡。瞳孔的顏色也很淡。有一個跟他長得一模一樣的弟弟。不常說話所以不記得他的牙齒排列方向。但笑起來的樣子卻很清晰。有一年的春假旅行作業只有我們都寫了阿里山，這件事讓人很高興。我經常打電話去他家假裝要找他爸爸只是為了聽見他的聲音，當他說他爸爸不在家的時候我就好開心，我說謝謝然後我掛斷電話。整個小學的下午記憶有一半我都在打那個號碼，說出一個爛熟的姓名。十二年後我才知道那個從來也沒有來接過我的電話的陌生男子，早就在一次瓦斯氣爆的工安意外中成為唯一的死者。

我看到馬戲班。馬戲班連夜流浪到我的睡眠，升起營火進行表演。我看到空中飛人不斷轉圈，從一個鋼索吊上另一個鋼索，咚一聲掉下來。我還是不知道他究竟發生什麼事，有沒有好好活下來。我看到獅子老虎都不斷地跳著火圈，那些跳都極富技術性，像遊樂場裡的旋轉木馬總是極輕易地跟上任何一種旋律當作奔跑的背景。然後我看到侏儒。整排的侏儒，站在河堤，一字排開都是同一張臉。我感到有點沮喪，但又同時感到一種神祕的力量。我想起在各種不同的地方，那或許是尋常酒館中最緘默的賣藝者整個晚上都拉著他的手風琴，或許不過是台北地下街拖著一條爛腿的乞丐因為獲得五元施捨而就極願意與你交換的一句耳語（多麼昂貴的五元啊我因此重新尊敬資本主義他使所有的祕密都藏在最卑賤的那裡），又或許是喫茶店早餐鄰座的陌生男子放下早報走過來敲敲你的桌面（他戴著令人困惑的蒼蠅大墨鏡），他們說：有沒有人跟你說過，我好像在什麼地方看過你？

但其實我只是一個人在這裡，在一個尋常傍晚的午寐中醒來，在更遠的荒地中被急速地遣送回來，回到生活。窗外是河堤，侏儒隊伍早已從夢中跑開，一哄而散，像另一個夢裡的花瓣不斷在離開它的圓心又不斷回來。我在一個陌生的城市，讀陌生的書。書名好像是一句法語，唸起來像一隻鼻子，我唸著唸著就覺得自己變成一隻大象。但那句子從來不會把我變成大象，我知道只有聲音會帶我走得更遠，走過一個夢，甚至走回童年。我突然就二十四歲了，背起行囊搭乘一段便宜漫長的國道巴士進入一個城市，離童年的居地極遠，而且從不思考未來。一年之後在哪裡？在西藏？在巴黎？在東倫敦的貧民區聽一整晚的印度音樂，然後錢花光了再拖著沮喪的步伐回來。或許哪裡也沒有去，或許我一直待在這老舊河堤邊的一所小公寓，每日喝水使自己透明又繼續變成一棵樹木在夜裡旅行。作夢。作夢。作夢的意思有時候是：作夢。有人會說唯一能給我啟示的是我的夢，但我是如此討厭啟示這個說法不如說白費，我比較願意說我是一個布偶破了一個洞一邊行走就一邊從肚子不斷掉出棉花屑。那布偶極愛轉彎，那轉彎的弧度極美，那傾斜就是一種正確，那棉花屑，沿路不斷掉落就宛如秘密的雪。

仍舊維持某種孤癖生活。每週不交談三名以上正常人類。但允許馬戲。偶爾會因錯過一天一班唯一向東行駛的電車而莫名沮喪。去英國的朋友打昂貴的公共電話回來，在一個吵雜的地方。電纜埋進海底繞過半個地球，話筒裡發出噗噗的聲響。那是什麼？是一隻誤闖海底電線的水母正在練習用聲音換氣？是整鍋九月的海水都滾了都燙了都正在煮沸？或許其實不過是投幣。硬幣的聲響越過七小時的時差掉進話筒的最底，一分鐘的聲音原來價值一枚英幣，時間與話語當下銀貨兩訖，事物之重量如此明朗乾脆令我完全信服得五體投地。

她說在雨天的地鐵看到一個東方女子穿黑大衣，長長的馬尾寶藍色圍巾，五官跟我完全相同。我說你知道我有多常聽見這種事，這幾乎已經變成一種傳說。簡直我總是要懷疑是不是在一個月黑風高的夜裡我就出發去一個陌生地，產下大片大片相似的孩子宛如複製人再把她們通通都丟棄。我可能在一次十歲的迷路中就把一個十歲的我忘記在那裡，然後我完全不知道那個我這些年到底幹什麼去了，變成銀行搶匪鴛鴦大盜中的其中一員所以總是蒙面？變成旅行者一個國界一個國界地穿梭到最後終於成功地消失在地面？又或者變成這城市的任一女上班員總是在早晨八點四十五分的地鐵車廂啪一聲把高跟鞋的鞋跟踩碎？地下街的盡頭有一個吹洞簫的人，頭上戴著大竹籠，臉孔完全遮蔽。旁邊的招牌寫著斗大四字：「尺八癡人」。我不能明白那意思，但也就困惑了也就都興奮了，像中學時代的工藝課剝開的一顆門鈴或鬧鐘，發著祖母綠的光，所有的零件都在誘惑我進去一座森林。我踮起腳尖走過一棵齒輪樹，遇見一隊侏儒隊伍，侏儒隊伍戴著竹籠一字排開，從第一個開始掀掉他們的頭蓋，十歲的我，十一歲的我，十二歲的我，……二十歲的我，三十歲的我，一直一直排到森林的盡頭。

時光隊伍。

時光隊伍在白天鳥獸般地散開，在夢裡成群結隊地回來，在睡眠裡圍著營火齊聲歌唱，然後在甦醒裡被全部遣返。

遣返，回到生活，生活像是第三個夢。一段火車的翻覆，六個小時，三百五十公里就來到另一個城市。六小時前的我在那裡？在一個濱海漁村的小村莊等待一輛幾乎是駱駝商隊的巴士？在一個華燈初歇的南方港鎮跟同是背包客的旅行者交換一個眼神？秋天的微光斜斜編進冬天的針織，記憶在盡頭的道路起伏湧覆，像一排拉開的剪紙。有燈的地方都有路走過，沒有燈的地方路也還在繼續地走。一雙鞋磨得好爛走過了海灣也走過了矮山，走到過燒灼也走到過清涼。

而路是沒有盡頭的。像一個小孩拉著另一個小孩終於會到達第一個小孩所遺忘的地帶，我紮起頭髮離開午睡的公寓走一遍九月的河堤，把路走完，把鞋走散，身後一排長長的斑馬隊伍都是我不斷流亡的馬戲班。

河堤的盡頭是傍晚六點鐘的動物園，有長頸鹿煙囪，有人穿著大象布偶，關門前的小孩一個一個圍上去跟他握手，齊聲道別：大象叔叔，明天再見。聲音團結宛如一種大鼓與鑼的遊行行列。

沿著路回去，回到夜燈高掛的食街。所有的人車都在這裡滯跌，所有的生活都在這裡捽成一堆。好繁華的街一整條燈如流水，好勇敢的燈已經撐起一匹黑夜，好遼闊的夜又淹過來整條的街，每一間餐館都人聲鼎沸。我往下行走，譬若夜遊，宛如沿途賣夢。

所有的祕密都密封在夢中，但所有的街都早已成為了夢。做過的夢像這街上一塊一塊的紙屑，雜亂無章又井然有序地不停往下排列，她所見過的我是不是就埋在這一條街？終於有一天，年少的我也會沿著整路的紙屑散步回來，抵達現在而與我重逢？隨手寫下的一個句子：

「她是一隻失速的水母令所有人驚訝。」

丟在地上擲地有聲，變成卦象指向遙遠的未知。未知，而總是將要抵達的，第三個夢。

賞析

鈞特．葛拉軾《鐵皮鼓》裡的奧斯卡，因為不想加入大人的世界，從三歲起就決定停止長大。他不要當大人，而要替自己畫上一個句號。此後，他的身形就維持在三歲時的模樣。言叔夏的散文〈阿斜〉中，也有一個不會長大的女孩，鎮日坐在中藥店的櫃子後方，沉默寡語。〈尺八癡人〉或許也是一篇不想長大的宣言，所以在時光隊伍中的「我」，不論十歲、二十歲還是三十歲，都是侏儒；而夢境中不斷浮現的幼時人物，也都維持著原本的大小。

長大的路途上，我們總是難以成為自己想要的那種人，也總是走在既定的路徑外，走得歪歪斜斜，扭扭曲曲。就像被叫到臺上解數學題，卻在圓和三角形裡畫了一朵又一朵的花，即便仍以圓心為中點，沒有脫離核心，即便花朵很鮮豔美麗，卻仍然不合規矩，不是答案想要的，因而沒有意義。

拆解了一個芭蕾舞者音樂盒後，雖然看清楚內部的齒輪和線路，明白芭蕾舞者其實只是一種栓，但拆開後的音樂盒便不會動，也不會演奏音樂了。長大或許就像這樣，懂得更多，也失去更多。

自己，究竟是誰呢？作者撫觸著自己的每一根骨頭，而後意識到自己是「一個箱子」。箱子，或許就是她存在的形式。她習慣蝸居，喜歡四面牆壁緊緊包圍的感覺，連出門時好像也帶著房間，帶著一個隱形的四方箱子；她也曾形容「自己來到世界，只是個空空的容器」。

人生，或許就像一場馬戲，需要超高超、極艱難的技巧，隨時都有墜落的危險，但這麼努力究竟是為了什麼？到頭來也許只是一場演出，卻說不出有什麼意義。

閱讀〈尺八癡人〉，你或許會像上述文字一般，試圖連結作者其他的作品，破譯那一幅又一幅夢幻般的意象，卻總也覺得自己從未真正「讀懂」。

有人說，散文家就像打開了一線門縫，讓讀者得以窺視他的心。但你可別以為只要將眼睛湊近這道門縫，就可以將一切看得一清二楚。你有可能看到房間裡有一盞微弱的燈光正閃爍，四周盤旋著飛蛾與小蟲。泛黃的光線穿過透明的翅翼，投下層層交疊的光與影，有些迷茫，有些絢麗，卻又難以捉摸。最後，你還是不明白房裡究竟有什麼。

理解一個人，向來都是件非常艱難的事。我們追蹤他的行為，解讀他的想法，費盡心力才能探索他些微的意識層面。然後佛洛依德又告訴我們，意識層只是一個人的人格中，浮在海面上的冰山；海面下，還有更加龐大的潛意識層。潛意識難以感知，偶爾在夢中洩露。所以〈尺八癡人〉像一部超現實電影，讓人分不清哪些畫面是夢，哪些是現實，就像人的意識與潛意識相互滲透。

或許，有些文章不能一味懷抱著「讀懂」的企圖來閱讀。所謂讀懂，代表作者的文章裡存在著某種意義，而你已能理解這層意義。我們往往急著探尋意義，若是找不到意義就覺得焦慮，彷彿「我們不給它意義就會失去自己，就會消失，就會不見。」

然而人的存在有可能毫無意義，也有可能連自己也不會懂得自己的人生意義。長大的意義究竟是什麼？或許根本沒有意義，也或許自己永遠也無法明白地說出那份意義。

「尺八癡人」的樣貌是頭戴大竹籠，遮蔽了面孔與視線，只以幽微迷濛的簫聲與外界保持一絲連結。或許人生也是這樣，我們從來都看不清自己的模樣，不知道自己從哪裡來，也不知道即將要去哪裡。

如果世間一切本來就沒有意義，或者作者並沒有懷抱著明確的意義來創作，那就無所謂懂或不懂。

但若不要抱著「讀懂」的念頭來讀〈尺八癡人〉，那麼該以什麼態度來閱讀呢？就順從你的直覺吧！去感受那紛繁變幻的意象，讓那泛黃的光線穿越透明的、振動的翅翼，投影到你的眼中。然後，就像言叔夏自己說的：「我不能明白那意思，但也就困惑了也就都興奮了。」

（林皇德）

酷刑

鍾怡雯

這是福報啊。每次從診所出來，就得一遍又一遍給自己心理建設，否則，就再也找不到復健的動力了。我一手撐著腰，用力拉開腳步，支著被復健機器和推拿師拆過，又重新組合的全副骨頭，狀似懷胎多月的孕婦蹣跚行走。剛才針灸過的點說不出是痛是癢，我得重覆說服自己，這實在是個不小的福報，得惜福啊！幸好遇到良醫，否則長骨刺時再治療，可就嫌晚了。

離開診所時，通常已黃昏，中山東路充塞覓食的下班人潮。錯身的行人總是皺眉，大概濃重的藥味很不討喜吧！我知道自己的表情、動作，都不屬於這個時刻，週遭食物的氣味，使得身上推拿擦的草藥味突兀，與夏日蒸散的體味不搭軋。覓食的人們臉上有吃的慾望，張望店招的眼神散發對食物的熱切，行走的速度於是格外帶勁。我習慣性的嘆口大氣，剛才那番大整治把人顛來倒去，又扭又拉的，胃口早給整掉了。

每次四到五個治療程序，等待的空檔，我總是棒著水杯，聆聽病人交換彼此的病況。有些人把病情聊成雲淡風清，有些則怨天怨地。那些聽來的病和痛，令人懷疑身體的存在意義。在這裡，身體不是享樂的載具，而是痛苦的承受體。置身於裝載病痛的軀體樹林令人迷失，變成更嚴重的懷疑論者。享樂真的只是生命的表相，痛苦乃是本質？所有的享樂都是痛苦的麻醉劑啊！兩三個小時下來，心愈來愈沉，胃囊灌成了水袋，哪來吃飯的閒情和填充食物的空間？只是時間到，我不得不學著正常作息。

陳君隆醫師一再告誡我得作息正常。我反問他，甚麼叫正常？多麼相對的概念，我認為自己比起好多朋友來，簡直正常得過分。醫生的標準實在太高，他說正常就是準時吃飯，十一點以前睡覺。除此之外，還得坐有坐相，站有站姿，不得搖腳扭腰歪在椅子上，不能長期低頭，同一個姿勢不可持續半小時以上。

陳醫師對我的苟且態度很不滿意，去年年底就該治療了。他一壓我的虎口，讓我當場從椅子彈起，痛得差點流淚。他的判決我根本不信。按一下手就斷定我脊椎嚴重側彎，骨盆腔傾斜扭曲，難道你有透視眼？他讀出我眼裡的懷疑，叫我去照片子。我花了一千四百塊，照了那四張X光片印證他的診斷。

還是拖了九個月。復健機器簡直是滿清十大酷刑的現代版，向這些機器要回健康？生病已經夠可憐了，還得被五花大綁？針灸室裡，一字排開被針釘在床上的肉體，豈不是耶穌受難圖的民間版？想到十幾根二吋長的針插秧一樣插進肉田裡，心就一陣抽搐。我拿出一貫的拖字訣，拖吧！忍無可忍時再說。

這九個月來，背上像坐著一個小鬼。它越吃越重逐漸肥碩，壓得我腰背疼痛，輾轉難眠。靜夜裡像猴子一樣攀在我身上，雙手扳著我的脖子像板一棵樹，我的肩頸因此而僵硬疼痛。牠脾氣不好時，便大力拍我的左後腦，偏頭痛讓我幾乎跪地求饒，呼叫小祖宗你饒了我吧！（我屬猴，當然得叫它一聲小祖宗）這些症狀都在預期之內，因為脊椎彎曲頸骨弧度不夠，血液無法順利輸送到腦。可是，我不肯賭這把，那種地方，當時我的武斷想法是，去久了有兩種可能：看破紅塵，或厭世。

我還要吃喝玩樂，並且深深眷戀這個讓我流淚歡笑的人世。

然而我的身體狀況像七十歲的老太婆。有一回我奶奶抱怨她的老骨頭從背痛到腳，不如扔掉算了。我說妳孫女比妳年輕五十歲，卻有一副跟妳一樣差的臭皮囊。說完覺得自己真窩囊，再看她四十五度的駝背，當下心裡一驚，我的駝鳥夢，剎時甦醒。想到自己四十歲時，將會長成一副隨時跟人鞠躬的禮貌身體，就再也沒有老下去的勇氣。

復健得與機器為伍，我怕針，更厭惡固定門診。一被別人「規定」該如何如何，我的後腦立刻冒出一塊反骨，痛就痛暈就讓它暈吧，反正不到忍耐底線就不去。私底下我卻花了不少錢朝「健康」、「少痛」、「促進血液循環」這三個目標前進，譬如一個攜帶型的通電按摩器，計有「捶敲」、「按揉」、「按壓」、「推搖」等幾種功能，兩個中型電池的電量。頭綳得太緊時，就把兩塊貼墊放在後頸兩側，開啟微弱的電流。選擇「按揉」，立刻有一股酸麻的電流導入神經，很輕很輕的，如有一隻力道小巧的手在揉脖子。

儘管如此，我卻不怎麼喜歡它，它的效用和電流一樣微弱。觸電的恐怖經驗令我對它充滿戒備，一次不小心調到大的電流量，立刻產生「快被電死」的恐慌。然而它對活血確實是有效的。所有腰痠背痛或中風的病人，都逃不開「被電」的命運。通電的肌肉很像田雞被剝下外皮時，仍在跳躍的死亡掙扎。

記得第一次看診時，我便追著陳醫師問，甚麼時候才可以不來啊？陳醫師正在給病人下針，從針盒裡拈出一枚暗器，一彈，針落入肌肉裡，試探位置，調整深度，時而上下左右撥弄，那架式像極武俠小說裡的暗器高手。他掐一下那位歐巴桑的脖子，自言自語，真想拆下來，給妳再裝一副。這個隨時消遣熟悉病人的醫師，喜歡一邊工作一邊遊戲，工作就是娛樂，他出手下針宛如庖丁解牛。病人儘管哎喲哎喲叫痛，卻不怨他，離開時千謝萬謝。我覺得在這時候道謝很奇怪。謝甚麼呢？謝謝你虐待我？

我對治療這麼不耐煩，陳醫師一點也不生氣，慢吞吞的說，一年後再問這個問題。你說真的假的？我一緊張嗓門就提高，一年？後面那位中風的中年人，這時慢慢抬起扭曲的臉，用悲苦的眼神看了我一眼。他的右手插著針，電流通過時，肌肉一鼓一鼓的彈跳。多麼殘酷的生命寫真。我不敢正視他，生命的真相，如此令人不忍正視。他的病痛全縮進那張沒有表情的苦臉。他每天報到，已經接受，而非忍受電擊和針穿的痛。那種特殊用針，是一般病人使用的一倍長，看一眼就會讓人心臟收縮。他很少說話，對生命，大概已經到達無言以對的境地吧。

我看到醫生拔針就怕。好多次在醫院打針，護士都宣稱「找不到靜脈」。針插進去又拔出來，死命拍我的手拍到痙攣，還嫌我的靜脈埋太深。靜脈又不是金礦，我才不怕別人挖，甚麼叫「埋得特別深」？不知道自己怎麼那麼倒楣，盡遇到這種差勁的護士。還是潛意識抗拒打針，所以靜脈都躲起來了。多年前那次住院，左手被打得坑坑洞洞像箭靶，顏色青裡帶黑，蛇狀瘀血順手臂逶迤爬下。陳醫師一說得針灸，我的手臂立刻開始疼痛起來。如果用針撥，好得更快。他補上這句，我真想拔腿就跑。

如果拉腰、拉脖子、滾床、推拿、針灸和放血都算酷刑，那麼，針撥法就是酷刑之首。某個中風病人看診時間與我相同，隔一陣他就得做針撥。針撥很有效，然而針刀無情。陳醫師看診向來不關門，他一天看百多兩百個病人，且大都是熟客，習慣不把病情當祕密。有個女人一進看診室就用大嗓門報告病情：醫生我的月經很少很不準喔！所有人都知道她的經期何時開始何時結束，何時又開始量多正常起來。這種狀況大家習以為常，可是針刀一下，再無情的人也會動容，無言的病人再也不能無聲。

觀者看到刀子在肉裡挑撥，都露出痛極的表情，他們看針刀，我看他們感同身受的表情。動刀的陳醫師不動如山，冷靜得像個殺手。病人的太太說，先生中風第六十八天就天天到這兒報到，從不會走不能說話，到現在行動自如，喪失的語言能力逐漸恢復，就只剩下那隻右手。這些長期同時段看診的病人，彼此熟悉病情，看診的空檔總在閒聊，或者跟護士、推拿師和醫生抬槓，感情極好。而我習於旁觀，好笑的事就跟著笑。再怎麼融洽，畢竟是診所。那是病人的地方，我打從心裡抗拒。

然而我也終究習慣了。兩個多月來，每週固定三次看診，按順序把脈、熱敷、拉腰或拉脖子、針灸，最後推拿。我最喜歡那張滾床，躺上去，小腿壓好設定時間，只能十五分鐘。陳醫師醫術太好，後面永遠等著一大掛病人。滾輪像結實的海濤，一波波來回輾過我的脊椎。那滋味，只有兩個字可以形容：痛、快。痛者，快也，痛快乃一體之兩面。

這台不像治療器材的設備只躺過一次，陳醫師是個虐待狂。至少，他老是在單子上的人像圈腰圈脖子，要我去躺那台拉腰拉脖子的可怕機器，舒服的滾床沒我的分。他一說拉腰我就給他一副哭臉，心裡老大不情願。他便恐嚇我，再討價還價待會兒多賞你兩支針。我立刻乖乖去熱敷。

拉腰拉脖子前都得綁在椅子上熱敷，我實在不喜歡那塊貼過無數男女老少的電熱敷袋。

每一次我都要求調到最低溫，凡是通電的物品我都心存畏懼，包括家裡的吸塵機，那轟轟的吸塵聲強而有力，真怕哪一天把自己倒楣的腳趾頭也吸掉。可是現代人實在太多這類變相的產品，譬如抖腰腹脂肪的腰帶，無以名之，故且叫去脂帶。我家附近的運動用品店就有，我好奇的問，這能歸入運動器材類嗎？老闆娘笑著說，反正目的一樣嘛！

譬如烤箱，我是指給人減肥的那種，進去的是人，不是家畜。不過，靈感大概來自烤雞或烤鴨。有一次在旅館內誤闖桑拿浴間，門一打開，一蓬滾燙的熱氣衝出來。我正奇怪，怎麼在這裡燒開水？沒想到小小的空間，竟窩著幾個烤得紅通通女人像煮熟的龍蝦，她們笑嘻嘻的招呼我進去烤一烤。好舒服哪，有人這麼強調。

再怎麼舒服我也是個人呀，怎麼可以把自己等同於雞鴨？

有一次拉腰結束，我已經滑到床的半中間。護士來鬆綁時，問我怎麼沒拉緊握捍？只好傻笑，人嘛，總有失神的時候。每次拉腰都把我當動物一樣綁在床上，腳架高，腰勒得死緊，機器一截截把身體往下拉，拉到極限，再一截截把我的下半身送回來，我真擔心會折成兩截。這時你會體悟何謂「人為刀俎，我為魚肉」，不能動彈，只好任人擺佈。

拉脖子更令人膽戰，想像被送上斷頭台，或是上吊的滋味吧！每次躺上去，我就開始想像，古人如果看到這個畫面，一定以為我犯了甚麼滔天大罪在接受懲罰。天曉得我只因為摔跤了幾次，長期姿勢不良，習慣不好，了不起再加個低頭走路，因為我得隨時檢視地板是否有落髮，在外行走為了少跟人打招呼。如果要定我的罪，罪名就是潔癖，加上輕微的孤癖。父親就認為我奶奶的駝背，肇因於每天非得擦地板。

拉腰拉脖子要二十分鐘，拉完得側身起床，以免才校正的脊椎承受太大的負擔。二十分鐘裡我大多閉目，可是總有雜念叢生，腦海裡常常飄來當年讀的斷句殘篇，反反覆覆出現那句「吾之大患，惟吾有身」。吃五穀雜糧的身體總不免要病痛，老子應該也領略過被身體折磨的痛楚吧！連我向來沒甚麼好感的孟子遺訓「勞其筋骨，餓其體膚」都跑到腦海來了，以此推斷，要歷經人世苦難，方可體悟成聖成佛之境。

其實拉腰時，「怕痛」的情緒已經在醞釀，接下來的針灸是療程的高潮。不就是平凡的一根針，為甚麼能有療效？這種神奇的中國傳統醫學結晶帶來的「痛」，也是複雜神秘的，有人認為針灸的感覺是麻、痠或漲，也有人說完全放鬆時，像螞蟻咬。

趴在床上時我已經頭皮發麻，全身肌肉緊繃。預先知道的痛最可怕，那會讓皮肉的疼痛指數升高。陳醫師最不滿意我的肩頸，通常要狠狠的下個六到七針。如此讓我哀嚎求饒之後，他彷彿稍稍滿足了，繼續讓我的腰吃上四到五針。每一針對我而言都是大磨難，我不得不呻吟。陳醫師一聽我叫痛便高興，每次都說，痛嗎？好，再來一針。等他虐待完畢，我咬牙切齒的說，陳醫師，我此生最大的心願，是好好回敬你一百針。你想當刺蝟還是仙人掌？

針灸時我早已學會不管面子，痛起來誰還顧形而上的問題？曾經聽到一個女人說，每一次她都叫好大聲。我很想瞪這個多嘴的女人一眼，可是全身被十幾根針鎮住，動彈不得。陳醫師下針時，習慣要問這裡那裡痠不痠。我的標準答案一律是：不會。沒有。無論如何，少一針總是好的。

十幾根針要在肉裡插上十五分鐘，這十五分鐘如同點了穴，不能動。噴噎得忍著。那瞬間的爆發力會引發暴雨梨花針。時間，突然很慢很漫長。陳醫師的大陸式針法下得深而準，絕對正中要害。我一貫扶著床沿爬不起來，額頭壓得一片暈紅，異常狼狽。

針灸結束，苦難就算過去了大半，剩下的推拿是尾聲。我捧著水杯觀察別人服刑。其中一個胖胖的歐巴桑，背部算算竟有二十一針，那是看診必然相遇的熟背影。另外一個粗壯的男人，本來準備移植大腿人工關節，來這裡試試運氣，一段日子後，竟然也像正常人開始行走。這時他的臀和大腿插著長針，陳醫師下針時，他一聲都沒哼。那邊拉腰床上躺的瘦弱女生，亦是熟面孔。看著這些病痛眾生，我再不敢埋怨。

雖然如此，年輕的推拿師梁師父把我當麵團轉來扭去，壓得骨頭喀啦喀啦響時，我仍然唉唉叫痛。他只要一說「妳這麼年輕，怎麼一身病」之類的話，我就非常不服氣，立刻搬出大道理改造他的想法：按照我的觀察和推理，只要是人，都有輕重不同的隱疾，別露出不信的嘴臉，你也是。只是我比較在意身體發出的訊息，才顯得毛病特多而已。

其實，這不是我說的，是上海人民醫院高慶祥醫師的意思。那時因為心臟不肯規律跳動，陳思和帶我去看他的主治醫師。高醫師只跟我聊了半小時，立刻斷定這是心病，叫「早搏」，非形而下的心臟病，跟情緒、壓力、天氣、太過敏感有關，我保證妳的心臟沒問題。

聽到不必吃藥不必做心電圖，而且有名醫拍胸膛保證，我的心臟立刻恢復正常。心電圖儀器跟電腦斷層掃瞄，同樣令人緊張。掃瞄前，得喝一杯叫顯影劑的灰色液體，灰濁的顏色，噁心的氣味，很像化學毒藥。送入電腦斷層掃瞄器那一刻，我覺得自己被扔進了焚化爐。八年前的事了，回想起來，感覺跟接近死亡一樣壞。從此我對一切醫療儀器都抱著敬畏的態度。應對這些高科技，不只是身體，連心理都要調好頻率。否則，沒病也會嚇出病來。

後來針灸時，我便開始幻想：總有一天，陳醫師的醫術到了化境，不必拉腰拉脖子，無需挨那十幾支針，就可以把我的身體推回常軌。可是，那將是一種甚麼狀態呢？大概，嗯，等陳醫師練成絕世武功，用他的內力打通我的任督二脈，再那麼三兩下，走位扭曲的骨頭，全都各就各位。

賞析

很少有作家能像鍾怡雯一樣，將失眠、病痛、相思、鄉愁……等沉重的事物，都轉化成一曲輕快悠揚的口哨歌。

〈酷刑〉一文敘述作者接受復健療程的經驗。醫師宣判鍾怡雯有嚴重的脊椎側彎、骨盆腔傾斜扭曲，若不及時治療，血液恐怕無法輸送到腦部，後果不堪設想。看到這裡，讀者應該已經感受到病痛的折磨與死亡的威脅。這樣的際遇，在任何人眼中都是無可釋懷之重，難以輕輕放下，但作者寫來卻是充滿幽默自嘲的口吻，不斷調侃自己。

腰背的疼痛，像是小鬼坐在背上；肩頸僵硬和偏頭痛，像是猴子攀附在脖子上用力拍打左後腦一般。明明是劇烈的疼痛，作者卻俏皮地蹦出一聲：「小祖宗你饒了我吧！」對於這句玩笑話，還煞有介事地加上慎重的註解：「我屬猴，當然得叫它一聲小祖宗」。

復健的療程不只一種，熱敷、電療、拉腰、拉脖子、推拿、針灸、針撥……五花八門，各式各樣。繁複的程度暗示病況並非等閒，病人自然無法輕鬆以待。作者以「滿清十大酷刑的現代版」來形容，足見其磨人之深，深入肌骨。

等到「酷刑」一一登場，我們又會發現，作者筆下描摹的，並不是阿鼻地獄十八層一般的沉重血腥，讓讀者去承受滿滿的負罪感與逼人窒息的壓迫。鍾怡雯像技藝高超的說書人，將一幕又一幕引人入勝的「奇景」，栩栩如生地傳達給聽眾，在他們心中映現流暢的動態畫面：

醫師扎針如武功高手輕拈暗器，拉腰像是把身子折成兩截。拉脖子是因為有潔癖和孤僻之罪，所以被判斬首或絞刑。推拿時，自己只能是麵團，任由師父轉來扭去。

一幕幕生動的情景，看得觀眾應接不暇。每一幕都充滿了苦痛、折磨、呻吟與呼吼，但作者卻彷彿把讀者帶進戲院中觀賞周星馳的無厘頭電影，儘管強光投射出的是哭天搶地的畫面，觀眾卻看得滿臉笑意。

輕鬆以應，不代表等閒視之；微笑面對，不代表視而不見。正是嚐盡了愁滋味，才有辦法化作一句視若無睹的「天涼好個秋」！鍾怡雯舉重若輕，萬般苦難盡付笑語。而讀者在嘆笑過後也能體會：痛苦留給自己，歡笑帶給別人，不就是菩薩的慈悲嗎？

（林皇德）

珍妮姐姐

朱國珍

珍妮姐姐有張完美瓜子臉，氣質出眾，是那種走在街上很容易招致「回頭率」的女人。她要我們稱呼她「姐姐」，但我總覺得她比較像我媽，因為我媽十八歲就生下我，也沒大我多少歲數。

會認識珍妮姐姐，是連串青春期黑白照片組合無止盡的漫畫停格，渾沌少女心與這世界的連結從來不是平行線，比較像是靠不住的磁鐵負負極。我所理解的社會現實總要親身經歷之後，才敢找出自己選擇的價值，

七零年代的國中生，女生規定剪西瓜頭，不准瀏海，還勒令髮型中分，讓皮膚蠟黃又表情呆滯的我，看起來像個兵馬俑。班上漂亮的女同學，周末中午下課後，各種活動滿檔，輾轉聽聞她們與男校學生有安排不完的聯誼，溜冰，看電影，逛西門町，生活好豐富。我個性

孤僻，從來跟這些漂亮女生沒有交集，可是那青春期的小心臟，總有個什麼不安的血紅素亂竄，私心仰慕能結識異性朋友，肩並肩慢慢壓馬路，聊聊（聊什麼呢？）隨便都可以，比方說我家小狗翻越籬笆牆翹家失蹤之類的生活經驗。聊什麼都不重要，重要的是有男生陪我散步，感覺多麼虛榮，多麼夢幻。

於是我偷偷攢省早餐費，尋個周末下午，走進國際學舍對面，當時唯一認識的冰果室「小美冰淇淋」，模仿最夯的談情說愛瓊瑤電影，在餐廳裡點一球冰淇淋，想像伊人會在燈火燦爛處回頭，望見我，聚散兩依依。然而，真實世界的劇情演出：又黑又醜又害羞又穿制服的國中女生，枯坐整個下午，窗外陽光迷漫，顧客來來往往，桌上捨不得吃的冰淇淋，早已融化成為熱奶昔，直到夕陽西下，才依依不捨用湯匙一杓杓盛起來啜飲。徘徊等待的光陰，不見小鮮肉來搭訕，連蘿莉控大叔都懶得搭理我，昂貴的冰淇淋是什麼滋味？完全遺忘，只記得那年夏日，餐廳內無比寒冷的下午。

現在提及「國際學舍」、「小美冰淇淋」，已是軼聞，這兩處地景，早已改建另起高樓。物起物塌，慾生慾滅，人間萬事不離禍福相倚，總是在那參差不齊的撩亂處，摸索出一條道路。我的道路風景從來坑坑疤疤，卻又在歪斜處長正。少女時期想墮落沒有機會，十八歲擠進大學窄門，欲振作奮鬥人生，反而誘惑特別多。最詭異的應該是與「八大行業」擦肩而過那次，可謂真正一番成年洗禮。

「八大行業」這四個字，如我等老輩人物較為敏感，係依據「臺北市舞廳舞場酒家酒吧及特種咖啡茶室管理自治條例」管理之舞廳業、舞場業、酒家業、酒吧業、特種咖啡茶室業、視聽歌唱業、理容業及三溫暖業等。

那是個經濟剛剛起飛的年代，每個大專生都在打工賺錢，國際速食業龍頭麥當勞首度進入台灣，凡應徵上麥當勞的時薪工讀生，就像是取得外商公司履歷，即便只是在廚房炸薯條，也神氣到走路有風。我心高氣傲，君子遠庖廚，另有規劃，選擇教學相長的工作，去美語補習班擔任櫃檯，以便有機會練習英文，成就我的留學夢想。

大學同班同學嘉福，個性爽朗愛說笑話，我們同為大一新鮮人，又搭同樣的公車上學放學，還在同一間美語補習班打工，漸漸成為好朋友。有一天，我在學校接到父親同事打來的電話，說爸爸因為心肌梗塞剛剛送進加護病房，希望我盡快趕到醫院。

當時，我的腦筋空白荒涼，父親是我唯一的依靠，我好害怕。

熱心助人的嘉福，立刻志願騎機車送我到醫院，抵達加護病房時，父親的幾個同事在外守候，娓娓向我敘述父親早晨如何發病，如何氣喘吁吁無法動彈言語，他們發現不對勁，馬上叫救護車將父親送急診，一到醫院，立刻診斷進入加護病房。

我是父親的直系親屬，醫院通融我穿上隔離衣，先行探視父親。他躺在整潔的床上，被儀器包圍，我心目中最英俊最勇敢最堅毅的臉龐，如今被氧氣罩套著，沒有關愛的眼神，沒有慈祥的言語，心電圖上起伏的線條，是父親存活的依據。

長輩們要我別擔心，安慰我，只要在醫院裡就會受到最專業的照顧，父親一定能夠康復。

入夜後，剩下我和嘉福在醫院門口徘徊。我沒有錢請看護，更擔心如果需要開刀，誰可以負擔這龐大的醫藥費？

此時，嘉福也對我透露他的心事，原來他的母親最近被倒會，賭六合彩又輸到徹底，每天都有討債的人上門拜訪，他也不知道，將來的生活該如何面對。

他突然說：「我看到一個廣告，有間即將開幕的酒吧在徵兼職人員，服務生，男女不拘，工作單純，日領三千。不如我們去應徵看看。妳想，日領三千，我們只要工作十天就有三萬，我可以幫家人還債，妳也可以暫時不用擔心父親的醫藥費。」

那間酒吧位在忠孝東路四段某棟華廈二樓，普通住宅的挑高，坪數不大，室內樑柱全部打通，視覺算寬敞。最特別是玄關處，設計了四方格狀的窗櫺，背後透著白曦日光，明明已是下午六點，為何夜未央？我不禁打開窗戶，迎面而來整片密閉鐵窗，低頭，才發現日光燈裝潢在木板夾層裡，為持續禁閉空間裡永晝的假象。窗邊幾張老舊沙發椅和零散的茶几，最吸睛是紫檀木打造的酒吧檯，高處鑲嵌探照鹵素燈，自上而下聚焦，交織微醺的溫柔，蒸發了地毯的霉味，卻掃不去櫥窗裡酒杯與酒瓶上的塵埃。

「我是珍妮。」老闆娘微笑介紹自己：「以後妳們直接叫我姐姐就可以，過去我開過好幾間酒吧，賺了一些錢。本想找個好人一起生活，但總是天不從人願。妳們今天會來到這裡，每個人都有自己的理由，我不會問，但是我會幫助妳們賺到錢。」這位「珍妮姐姐」用沙啞的聲音緩慢而俐落地說話。

她的國語很標準，帶點廣播節目主持人的腔調，視覺年齡令人感覺滄桑，卻又說不上來究竟大我多少歲數。然而，她的長相真標緻，飽滿的額頭光滑明亮，柳眉下一雙大眼，透露機智的眼神，彷彿看盡人世荒涼，小巧的鼻子和菱角似的櫻唇，線條柔美的下巴，她整個人就像是白先勇小說所描述的「玉觀音金兆麗」。和夜巴黎舞廳最後一夜很類似，珍妮姐姐經歷繁華過往，現在，她正準備開創人生第二春。

前來應徵服務生的「兼職人員」，只有嘉福一個男生，其餘都是女人，約略就是我們在街上或菜市場擦身而過的女人。年紀最大的三十多歲，她說離婚後必須撫養小孩，想兼職多賺點錢。年紀最輕的女孩，國中還沒畢業，說話聲娃娃音爆表，她坦承想見識台北的高級生活，她想買名牌包。

第一天自我介紹結束，珍妮姐姐指揮我們環境整潔的任務，她說：「這間房子好久沒有人使用，你們先打掃乾淨，我明天再來職業訓練。」

說完，珍妮姐姐丟下鑰匙，翩然離去，留下面面相覷的我們，不知道該怎麼辦。最年長的單親媽媽只好站出來分配工作，教大家拖地擦窗戶與沙發茶几，就這樣從六點開始擦擦洗洗，每個人手上一條抹布，與灰塵奮戰到九點。三個小時的大掃除，是我在「酒吧」工作的初體驗。

第二天放學後，先到醫院探視父親再趕過來，小茶几上已經擺幾瓶洋酒，這一堂課，珍妮姐姐除了說明「服務生」的工作性質，也教大家認識各國洋酒種類，以及喝酒的技巧。

她說以後端酒給客人，難免會受到客人慫恿喝幾杯，喝酒這件事難以避免，但是有很多方法可以不要嚥到喉嚨裡，最好也不要喝進肚子裡，這樣傷身又傷聲。她用沙啞卻帶著嬌柔的嗓音說：「我的聲音以前也像妹妹們一樣清脆好聽，都是喝酒喝太多成了這個樣子。所以姐姐勸妳們，遇到客人一定要妳喝酒，要先偷學一些方法躲過。」

接著，她示範幾招如何用濃茶假裝白蘭地與威士忌，或用白開水偽裝伏特加，或喝了一口酒之後立刻拿濕毛巾假裝擦嘴順便吐到毛巾裡，或嘴中含著酒作狀要喝水，順勢吐到水杯裡。最厲害的一招，是口腔含著酒液還能正常發音說話，待尋找適當時機，悄然走去廁所，再將口中的酒吐進馬桶，神人不覺。

「妳們放心，我在業界有二十多年的經驗，我的客人水準都很高，不會做出難堪的事情。」珍妮姐姐點燃一根菸，眼神飄向遠方，幽幽地說：「若不是走投無路，誰想回到這一行？但就算回到這一行，我還是要做有品質有格調的酒吧。」

珍妮姐姐說話，常常像是時間簡史，明明往事已如煙，卻又勾引著現在，揉捏出專屬於她的星塵，華麗又飄浮。她像個煙薰出來的女人，是珍奇的「沉香」，是飽經創傷，曠日以樹脂自體修復的常綠喬木，一般人燒不起。

珍妮姐姐突然嘆口氣，聲音輕到彷若自言自語：「只是現在這一行越來越不好做，得出奇致勝才行。」說完，她自己開了一瓶陳年白蘭地，將琥珀色酒液倒入鬱金香造型的杯中，仰頭飲入一大口，像是行軍前喊話：「妳們放心，跟著我絕對不會虧待妳們，但是我們做生意一定要有嶄新的創意。」

第三天，珍妮姐姐說她已經想好創意，要在制服款式下功夫。

她說，這種樣式在日本流行很久，但是在台灣業界應該是新招。那就是讓女服務生穿上兔女郎的衣服。至於嘉福這位男同學，因為是負責吧台的小弟，只要穿白襯衫黑褲子就可以。

是什麼樣的兔女郎衣服啊？

細細窣窣的聲音紛紛縈繞響起，我也很好奇，是什麼樣的兔女郎衣服啊？

「像小白兔一樣純潔可愛的衣服啊！」

珍妮姐姐堅定地回答。

於是我們乖乖排隊站著，讓師傅拿著布尺，仔細測量我們的身材，從肩寬、胸圍、腰身到胯下，細細端詳。

我開始懷疑即將從事的究竟是一份什麼樣的工作？愈來愈害怕將會遇到什麼樣的「客

人」？這心情很複雜，有獵奇有想像有恐懼有迷惑。古典小說中的杜十娘、柳如是，現代小說中的金兆麗、白鳳，都是癡情女遇到負心漢的悲劇。我常覺得，人們在閱讀中變得機關算盡，世故聰明，也許是記取書中人物的教訓，但我天生反骨，總以為人性雖可鄙可憐，亦有可愛可貴之處。可恨之人大多因為缺乏信念，那種勇敢殉道的「雖千萬人吾往矣」或「我不入地獄誰入地獄」的信念。我的信念就是這般愚蠢，以為意志力很神聖，可以挑戰極限，可以在瀕臨懸崖空谷時，為自己找到邊緣處最清新脫俗無沾無染的花兒。

第四天，我很猶豫，但是仍然回去酒吧報到。新的合成皮塑化沙發椅，人工核桃木鑲嵌強化玻璃茶几，仿抽象派世界級畫家名作，陸續佈置完成，透明乾淨的水晶酒杯紛紛倒掛在紫檀吧台，發亮的酒櫃中擺滿世界各地的高級洋酒，從白蘭地到威士忌，還有日本人愛喝的燒酒清酒，品牌繽紛若國際博覽會。女人們雀躍著倒數工作的日期，那代表著以後我們可以日領三千，再加上客人的小費，要養孩子的要買名牌包的要付爸爸醫藥費的都有了希望。

「制服還來不及做好。」珍妮姐姐點了根菸，姿態優雅地說：「最快明天妳們才能試穿。這制服一定要合身，所以要再抓一天修改的時間。但是我們下周一就要開幕了。今天我們先來拜拜，我們這一行不好到外面街上去招搖，就在屋子裡拜拜地基主與財神爺即可。」

珍妮姐姐的每句話似乎都有她的江湖道理，大器又實際。陰暗的室內，可能是計較電費，捨不得開鹵素投射燈，點燃兩根巨型紅燭，在融蠟蕊火照耀中，女人們安靜捻香，朝向心中有光之處膜拜，桌上六個雞腿便當，是用來討好神明的牲禮，也經過算計，拜完之後，剛好每人吃一個餐盒。珍妮姐姐規劃精準，展現謀略，包括自我們報到的第一天起，她一再用誠懇沙啞的聲音說：「別擔心，我會好好照顧妳們。」

第五天，父親終於離開加護病房。主治醫師說他心臟三條大動脈阻塞了一條，因為還有兩條動脈的功能正常，這種情況下，病患可以自己選擇開刀或不開刀。

躺在普通病床上的爸爸，已經睜開眼睛，病後剛復癒，他的精神抖擻，挺直腰桿端坐。他說他沒事，從小就愛運動打籃球，心臟很堅強，決定明天就要出院繼續去上班。

我十八歲了，這輩子都被父親保護寵愛，除了讀書什麼都不會。現在站在床邊，默默看著父親的白髮，下垂的法令紋，凹陷的臉頰，暴露青筋的手背。住在加護病房這幾天，父親明顯瘦了，這個從前人人稱呼朱胖子的老爸，已經不胖了。

我的眼淚撲簌簌的流下，無法言語。

「哭什麼？爸爸還沒死。爸爸要看到妳大學畢業。記住了嗎？我希望妳牢牢記住的家訓：正當做人，規矩做事，誠懇待人，切實讀書。」

他的聲音不再響亮渾厚，即使強打起精神，仍隱約洩漏中氣。我心疼他的勇敢與他所追求的品格，鬼門關前踅一趟，老命去半條，最後還要惦記我正直做人。

第六天，我還抱著僥倖的想法：或者，我白天上課，晚上偷偷來兼差，爸爸也不會知道。

只要我存到錢，如果又發生任何緊急狀況，我可以應付，我有能力照顧爸爸，為他買營養品，為他請專業看護，不要讓他為醫藥費和工作的事發愁。而且，珍妮姐姐再三保證她會照顧我們，我只不過是來打工，做個端酒去給客人喝的服務生，和麥當勞、漢堡王的計時僱員沒什麼不同。

那天我走進酒吧還來不及開口，首先感受到室內異常熱烈的騷動。珍妮姐姐笑得比從前更開懷，她興奮地說：「妳們看到門口的花籃嗎？那些都是我的老客人送的，現在他們全知道我要重新開業了，已經準備好要來捧場。我們一定要努力幹！大家一起努力賺錢。」她美豔的臉龐露出光芒，自信又嬌媚，是我過去從來沒見過的璀璨，讓她整個人愈發像是「玉觀音」。

珍妮姐姐接著說：「這制服也已經做好了，不過今天只拿來一件樣品，誰先試穿看看。」我們的目光，全部集中到玻璃茶几。

那是一件連身馬甲，發亮的綢緞材質，以艷彩桃紅為底色，周邊鑲滿黑色蕾絲花邊，齊胸無肩帶，僅遮住乳頭兩點，沒有多餘布料，可想像著裝後肯定露出大片肉身，從肋骨鎖骨到頸骨，毫無遮掩，若不想讓它滑下來，需要豐滿的乳房支撐。腰身靠近肚臍眼處，露出一個鏤空繡花小洞，想來是刻意讓肚臍眼若隱若現，增添魅惑。衣服的股肱之間，大腿開叉處呈現尖銳的V字型，拉高到腰際，那是動一動即可能露出陰毛的設計。

這件衣服一點都不純潔，唯一像小白兔的地方，是幾乎全裸的背後，靠近屁股之處，縫著一顆純白絨毛的圓形物，偽裝兔子尾巴，在幾乎沒有布料的屁股溝之間兜溜。

身材最好的女孩自告奮勇試穿制服，女孩很美，衣服也很美，我看著她胸前那條黑色蕾絲花邊，幾度滑溜到乳頭下方，她撐起，又掉落，上上下下周旋，彷若道德的界線，在那一念之間。

隔天，我再也沒有出現在酒吧。

那陣子，還為自己的不負責任感到罪咎，一度也為珍妮姐姐擔心，會不會因為突然少掉我這個「服務生」而造成她的困擾，畢竟，她說她投注了最後的財產與精神，認真開創事業第二春，希望東山再起。然而，我從來沒接到珍妮姐姐關切的電話，很多年之後我才明白，有些擔憂是多餘的，故事來來去去，人情若水，終究流逝，誰也不會特別為誰停留。

美麗的珍妮姐姐比誰都清楚這個道理。

賞析

朱國珍曾說：「〈珍妮姐姐〉這篇作品醞釀多年，經過數次修改，形式介於散文、小說之間。」當年去應徵餐廳服務生的她，後來發覺事情並不單純，風情萬種的珍妮姐姐經營的其實是特種行業。少女尋求打工機會，一旦失足就永遠回不來了。朱國珍始終相信：「要不要變成那樣的人，完全由自己決定。」〈珍妮姐姐〉呈現的難題，是如何面對誘惑、如何做出最正確的選擇？每個青少年心中，或許都問過：「自己想成為怎樣的人？」

這些問題，也許都跟自由有關。

威廉・詹姆士（William James）《信仰的意志》（*The Will to Believe*）提到：「自由的第一個行為即是選擇自由。」羅洛・梅（Rollo May）則說：「自由永無止境地重新創造自身，賦與自己新生命。」珍妮姐姐選擇以色事人，運用天賦本能來謀生，這樣的故事從未在歷史上絕跡。十八歲的朱國珍，很快就洞察人生的陷阱，為自己做出決定。她目睹身邊身材最好的女孩自告奮勇試穿「制服」，過度暴露的身體讓她領悟：「彷若道德的界線，在那一念之間」。

正是那一念之間，展現了「自由的第一個行為」，重新創造了自己。

（凌性傑）

流雲

柯裕棻

日前回老家一趟，鄉下長天老日，夜閒無事，舊書堆中翻出星光出版社的《雪鄉、古都、千羽鶴》合訂本。現在看來，十六歲的女孩子哪裡懂這些故事，竟一本正經地在《雪鄉》的「徒勞」二字第一次出現時，做了記號。

淺淺一道鉛筆線，這些年了仍清晰可辨。

當時的我絕不可能明白，「徒勞」正是這故事的寓意。

當時更不可能明白，窩在山巔海角小城裡，一知半解拚命讀著那本書的少女的我，正是，徒、勞、一、種。

不懂也罷，感動是真。十六歲有十六歲的徒勞，四十四有四十四的徒勞。

常有人問我何不寫童年青春，何不寫家事，何不寫鄉居。我常以為寫了不少，仔細翻檢後想，果然不夠啊，那些長空流雲，蒼風銀浪，溫柔秋陽。

童年我拿它沒辦法，寫不來。起筆都是夢一樣的迷離景色——金花翠鳥，野百合冷河晨露，銀月牙懸浮碧海，黃昏庭院鴉雀，繁密星光凜冬。可是青春我也一樣寫不來，滿樹鳳凰，早夏綠稻浪，晚秋凋零花香，狂風沙，金蘆葦。種種斑爛都是謊言，明明就不是錦心繡口的日子，明明是，暗暗關掉心燈，襯底的只有黑夜，明明是那樣的暗。

誰知道呢那時候，我不期待錦繡前程，未來緊緊揣在懷裡，手心眉心都半信半疑，誰願意接手我都能給出去的。若遇上鐵蹄，我就任它踏成心口的馬蹄鐵；若遇上風暴，我情願留它在茶杯裡一飲而盡。再沒有誰的眼睛流蜜色的甜琥珀。此後只有平淡。

那年歲一切如此艱難，又如此潔淨美麗。甚麼都不寫也真不行。

溫泉地在小城南方的山裡。山深，溪谷也深。彼時小城尚無直達溫泉的馬路，有的只是蜿蜒曲繞石子路，一路顛嗆，塵土飛揚。山前有橋，過橋後一路幽寂，沿著山腰闢了險險的仄徑，一邊是森森的林子，一邊是深深的河谷，巨石危然，泉水日夜喧流。

究竟為什麼十六歲那年初秋午後特別騎那樣迢遙的路程到溫泉地去，我已不記得了。我確實想過要搭一小時一班的公車，但也許那日負了什麼氣，惱恨著什麼，所以騎上單車就去了。我也曾中途後悔，幾度停憩懊惱自己莽撞，進退失據。我今生總是如此。

初秋天高雲淡，我卻禁不得曬，風塵僕僕懷著無明火，五內俱焚。只恨恨想著，到了沒有，到底到了沒有，我到底在做什麼我。終於，終於，我跨過溪橋，進山了。其時僅有三四家溫泉旅館謙卑地聚在入山溪口。此時仍是天熱無人的淡季，寫著「冷氣開放」的旅館茶色玻璃門緊閉；珊瑚寶石禮品店的鐵門拉下了；終站公車亭後菸酒鋪的木門板全鎖上；大巴停車場空蕩蕩。菩提樹下冰果室小店敞開大門，靛青布帘飄飄，但連老闆人也不見。蟬噪空山。我往更深的山裡騎行，繞過一彎道，過了山寺。過了相思林杉樹林。過了年年坍方的某段風景悠忽一變，薰風黝青，空氣濕潤清潔。

山內狹谷有一吊橋，橋邊石階可下溪。過了此處山勢太陡，再無人煙。就這麼巧，我還想著要不就回頭吧，忽地嘩啦滑了一跤，單車落鍊了。這一路上我擔心車胎，擔心跌跤，擔心剎車線，卻怎麼也沒料到這等麻煩事。車鍊脫落若沒有一點技術和耐心是修不好的。

我蹲在路邊與那車鍊纏鬥，兩手黑油髒汙，就是沒辦法把它裝回去，而且那條該死的烏溜鏈子索性整個掉下來，讓我最後一線希望也死絕了。

堪堪日落，我手握黑鍊，莫名想起「薄暮空潭曲，安禪制毒龍」這應景要命的詩句來。但此時膽子再大如我，也知道怕了。山路無燈，即使現在極力跑回公車亭，怕在中途就已黃昏。

那就跑吧，不能再遲疑了。我立刻扔了那車，先下石階到溪邊洗手。

藤蘿掩蔽下溪邊竟異常寬闊，溪中央疾花飛濺，但兩邊乾沙巨石不少。我踩著平滑的岩塊到水流緩窪處洗手。水涼得兩手發痛。

有人吆喝一聲，啪啦落水。

近處上游有平滑巨大的岩石，比其他石塊高出許多，其下水潭澄明。有人跳下潭裡游一圈，嘩啦翻爬上岩。又啪啦跳水，再游一圈，又翻身上岸。是個上身赤裸的少年，他作勢欲再跳，看見我，就止步了。

我拚命急洗手，在岩石上抹了又洗，抹了又洗。那人又跳下水潭去游水。轉眼，他便以俐落得不可思議的姿勢，游過來，單手支撐，三兩步就爬上我身旁高石邊緣，蹲低俯問：「你為什麼一個人在這裡洗手？你手怎麼這麼髒？」我仰頭看他，瘦，不太高，頭髮捲曲毛亂。短褲至膝，濕答答貼著。他看似與我年紀相仿，眉目平常，沒有讓人印象深刻之處，唯一的特點是全身曬得淺棕，膚色光潔鮮亮，額頭雙頰平整無瑕，不像一般我們同齡的孩子滿臉是痘子。

是個不帥的中學生我就不怕了：「不為什麼。」我拍拍雙手上的沙，轉頭欲跳回石階處。

那人阻止我：「別跳，慢慢來。你是該走了，一個人很危險。」我問：「你說危險，那你呢？」

「我整個暑假每天都在這裡，很熟了。」他面露得意。

我匆匆在褲子上抹手，冷臉說：「我馬上就走。」語畢我突然想起，我根本走不了，而且現在也不是逞強的時候。他被我一冷，訕訕地又三兩跳回到那巨岩上蹲著，也不看這裡，也不跳水。

我喚他，他只遙遙問：「喔，又什麼事？」

「你是不是住這附近？我單車壞了，你能幫我嗎？」

他說：「我不住這，不過我可以幫你。我看看你的車。」

他俐落得像獼猴，刷地滑下岩石另一面。窸窣一會兒，套上襯衫制服，拎著拖鞋又跳過來。

我本能向後挪一些，全身警戒。這時我看見他制服上繡的名字，心裡訝異。我知道他是誰，這城裡前後幾屆的中學生無人不知這個名字。他是荒濱小城十年來最有可能考上第一志願的孩子，這個名字是我們成長的陰影，是這片空山野地好不容易掘出的一顆鑽石。而且他當時選擇留在小城讀高中，每個老師都激賞不已，每個父母都恨自己的孩子不是他。我即對聯考還沒概念，也都聽說了這號人物。這名字我們又崇拜，又恨。

他顯然也知道他自己的名字在同儕裡有什麼力量。他見我瞄了他右胸上繡的名字，便露齒微笑。

我說：「咦，你是那個好學生。你不是應該升高三了嗎？怎麼還有時間在這裡晃蕩？」

他嘿嘿笑着：「你知道我啊？」

我不願給他更多的稱讚，只冷淡說：「你就是每個老師都讚不絕口的那個吧？聽都聽膩了。」

他笑問：「你該不會就是那什麼校花林聰美吧？」

「我當然不是！你故意這麼說，太可惡了！」如果當時我有選擇，絕對拂袖而去了。這是屈辱至極的一刻，他也許常用這方式和其他女孩搭亂，故意將人錯認為成績優異尖刻驕傲的校花林聰美，也許那些女孩甚至為此感到淺薄的虛榮。但對於從小總是在聰美身邊做次等生做墊腳石的我而言，這只是羞辱而已。但此刻，此刻，我只能吞下它。

他又笑：「我沒別的意思。而且，是你先跟我求救的，我不需要特別引起你注意。這荒山野嶺你以為你還能找誰？」

我氣急無言，快快說：「我要走了。」便跑上階梯。他沉默跟在後面上來。

我們其實都知道，他不能真的扔下我不管，我也不可能真的隻身跑回入山口。

他上來一見我那廢車，詫笑：「這車你也敢騎這麼遠到山裡來？這沒辦法修。修了也不能真讓你這樣騎回去。」又說：「你等著。」他往更遠處的山坳牽出一輛小機車。

「你穿著高中制服騎機車，不怕被警察抓嗎？」我問。他說：「這裡哪有警察？你選吧，我可以不穿光著上身，或者就穿制服我們一起被抓。哪個你比較不介意？」

我不知我是恨他話裡的嘲諷，或者恨我自己落得這別無選擇的境地。我覺得這種似是而非的捉弄出自優越感，志得意滿視他人如無物，任意撥弄。我賭氣說：「你別捉弄人，別以為因為你是你，別人就不會拒絕你。」

「欸，太複雜了我聽不懂。不過，你現在確實不能拒絕我。」他還是不以為意笑著，無所撼動。手搭車把，雙足踏地。我徒勞的反擊對他無損分毫。我討厭那種明亮爽朗的笑，堅定的自信。那正是我最厭恨的，高人一等的姿態。

這種人的眼色清亮鋒利，因為他們頭頂有另一道光芒，那是名為「未來」的光輝從高處普照。只因為聰明，世界便許了他晴空萬里的人生。方圓百里之內所有同儕都不及他，他的競爭在遠方，在我無法想像的大城市，在外國，在更光明的頂端。只要他願意，能走多遠就走多遠，能飛多高就飛多高。這就是高人一等的自由，這才叫做鵬程萬里。我這種被縛牢在地，牽牽絆絆，整天擔憂跌倒的人永遠無法明白展翅高飛的感覺。燕雀不知鴻鵠之志。在他身邊我深刻感知人生有雲泥之別。

我沉溺在自己狹隘卑微的惱怒中往前走，察覺自己也明白自己的卑微，我又更羞怒了：「你別管我！你走吧！」

「你真就是騎那破車來的嗎？」

「不然我是飛來的嗎？」

「很少女孩子這麼能騎的。你本來打算也這樣騎回去嗎？」

我不耐煩說：「不然呢？我現在打算走回去了。」

他帶著一副理所當然的神情噗噗噗騎在旁邊，正色說：「說真的，你快上來，等會沒油我們都慘了。」

初秋黃昏的深山小路，風有多悠長它就多悠長。月亮初升星群未起，清澈閃亮像一枚新鑄的金幣。天宇湛藍薄明，暮靜秋山。他的衫褲都是濕的，我坐他後面謹慎保持距離，仍感覺他身上的濕氣拂面而來。他問我名字，我說了。他問怎麼寫，我解釋了。他不明白，說：「你寫在我背上。」「不行。」「為什麼？」「我手髒。」

到了溫泉旅館，天色仍微亮，但黃昏出發的最後一班公車已經走了。他說：「我乾脆載你回鎮上去好了。你要不要先到旅館去把手上的油洗乾淨？」

我遲疑，不好意思隨意進去，扭捏不前。他說：「我暑假就住這，他們都認識我的。你怕手髒不敢扶著我，等會兒的路很顛，會摔倒的。」

他領我從旅館後方進去，有露天小池，邊上是個木板釘的大露台，旁有階梯可上。如同所有的溫泉地，池畔群樹上懸掛小燈泡串，迷濛發亮。漆黑的山影雄雄逼壓，小小一方亮處聚集兩三桌遊客，漫著啤酒和海鮮的氣味。

他疾步在前，我亂亂地從賓客和端菜的女侍之間迅速穿過。

有人大叫：「哇，交女朋友喔？」

「不是啦。」他大聲回話。我們走進廚房後門，女侍全笑了：「約會喔。」

某個女侍笑喊：「你整下午不見人，都沒有來幫忙，原來是去約會！」

他笑著對喊：「你們別這樣，我們不認識啦。」又轉頭對我說：「她們都是這樣胡說八道。」廚房裡倒是偃旗息鼓，無火無油。僅有一圓面卷髮的婦女坐在小桌邊看小螢幕電視，吃著一盤小魚花生。他向她招呼「阿姨」，解釋原委，說他今天就回鎮上本家去，過兩天再來。他讓我到洗碗槽洗手，他上去換掉濕衣裳。

那阿姨皺眉上上下下打量我，問我是住哪裡的，哪個學校，叫甚麼名字，家裡做什麼的。我老實回答了。我當然知道她意思。這少年是不得了的寶貝，豈容一個來路不明野女孩壞了他錦繡前程。我說：「我們真的不認識。」她又淡淡上下打量我：「你不好好待家裡這樣亂跑，還要讓他送你。不然，打電話叫你家裡人來接你啊。」

反正這一日我就是自作自受倒楣到底了，此時再多的輕視作賤也無妨了。我將心理防備高高拉起。我說好，謝謝，請借我電話。少年不知何時已回到廚房口，聞此言，默默帶我往前頭大廳去。

前廳無人，堂燈半亮。兩張黑皮長沙發，暗色玻璃茶几，深紅絨地毯，檜木大屏風，三夾板棕色櫃台。這一切使那前廳看起來暗滯沉重，牆上一只黑框白面大圓鐘，滴答滴答聽得分外急。茶色玻璃門外天色看來昏黑。明明還有光的，明明不是這樣的暗。

他說：「欸，走吧！不必打什麼電話了。」我沒答，到櫃台拿起話筒。他伸手按住通話鍵：「走啦，等什麼。」

對望。對望。對望。暗燈下他的眼睛琥珀色，膚色是明亮的蜂蜜。他又笑起來：「你不打算說話了嗎？」又說：「你夠　的。你若打了，還得再等一小時才能走。現在馬上跟我走，你就不必再煩了。」

是啊。我趁機走了就可以忘掉這些事。我反正不會再回到這旅館，今生不會再見到這些人。現在暫時利用他，回到鎮上就兩不相涉了。他挨罵挨打模擬考第二名都與我無關了。我知道青春小小的惡意和苦惱終將消失，其後將代之以更殘暴的錘鍊與磨難。我知道人生必然是一次一次將肉身砸向岩石，在粗泥地上打滾，斜陽下失魂行走草地上絕望流淚。我知道。正如我今日午後負氣迢迢而來，正如他在密林水潭邊反覆縱身跳躍。身體掙扎的訊息比語言更張狂猛烈，可它在山橋、溪水、岩谷之間，又至弱無比。

但不怕，我們多的是盲目衝撞的勇氣。

這是夜逃嗎？單單只是短暫的逃跑就讓我們這麼快樂自由。空地上的細石子沙拉沙拉踩在腳下多麼乾脆俐落，晚風多麼清涼。柚子色的月亮，輝煌的夜空，萬山溪奔日夜喧。我們偷笑著跑過空地，跳上機車，刷拉掉頭，絕塵而去。

那一路上我們說了甚麼呢？我雙手搭著他，隔著襯衫碰著他腰間的線條，一起一伏，非常陌生的觸感。噢，原來男孩子的身體是這樣的。他頸子上有微微的，曬過陽光的汗味。

我問：「你為什麼一個人在那水潭跳啊跳的？」「因為我心裡煩。跳起來落水的一剎那，我覺得很自由。你呢？一個人騎這麼遠來？」

「因為我心裡也煩。」

他笑問：「那麼你摔倒的一剎那，也感覺自由嗎？」

我說：「笨蛋。」

「這輩子還沒有人這樣說過我呢。」

「笨。蛋。」我大聲在他耳邊喊。

他大笑。

遼遠的夜路寂寥的海線，天河高懸，繁星止步之處，遠方的海暗自漲潮。黑夜在我們眼前分途，上升天際或下墜群山，激越或憂懼，交替成為天星或巨岩。經某處海灣外的斜坡野林，他熄火，車燈倏暗，襯底的四野寂靜嗡地湧來，晚風浩大撲來。忽然遠方有呼嘯悠長，也許是山也許是海，一切退得極遠，又瞬間勃勃逼近眼睫。眼睜睜的騷動的黑。暗林邊細鑲細滾淡銀線，是海面反射的月光。

「漲潮了，你聽。」我說。

「你來過這裡嗎？樹林外面的海很美。」

「嗯，這有鬼。」我說。

「你是說我心裡，還是說這地方？」

我嘖他一聲：「那林子裡吊死過一個女孩子，你走過林子她就附在你身上。」我告訴他去年夏天在這海灘上我看海看得失神的事。

「然後呢？」我感覺他回頭，但是夜太黑，只看見輪廓，不見表情。他的話裡有笑意。我靜聽風聲縱野，我想告訴他後來發生許多事，一些巧合，一些失落，一些不幸，糾纏了一整年。但何必呢？夜路的盡頭就是盡頭了，雪泥鴻爪，說了又如何。這片刻的黑甜溫暖太不可信，此時也許寂闇相知，明日又天涯相忘。

我說：「沒有然後了。我只覺得很迷惘。」

「那我們都被鬼附身了。」他笑說。

「你這種人也會迷惘嗎？大好人生的……」

「這人生誰願意接手我都能給出去的。」他說。

我家院子滿樹桂花如夜星，馨香遠遠漫到巷口。桂花葉堅硬帶刺，但花朵柔軟迷濛，碎星地開，星碎地落。我從未如此深切領略初秋夜晚內蘊的恬靜。青春鬱麗似凋花。

我真心向他道謝。

他說：「我不能再來找你。」

「當然，你考完了換我考。沒完沒了的。算了。」

「欸，你到底在恨甚麼？你渾身是刺到底是為什麼？」

「我只是沒有教養而已。」

「這倒是看不出來啊。」

當然。怎能讓這膚淺無情的世界看出我對付它的方式呢。我手無寸鐵迎上去與它對決，我無所珍愛，它便無從掠奪。

「你快走吧。你的人生誰也承擔不起。」我尖銳地說。

機車離去的聲響原來可以這麼千言萬語地遲疑。這日別後，不復相見。其實這樣也好，其實這樣最好。

我繼續虛張聲勢地長大，總是刺傷一些人以保護自己。落得這樣毫髮無傷，還不如當時畸零殘缺的好，還不如當時徒勞擁抱的好。

賞析

我常偏執地以為，散文動人與否，是被語氣和腔調決定的。柯裕棻的散文敘述腔調辨識度極高，有一股奇特的魅力。那些看似自由發展的詞句，或許都是經過細細修剪的。柯裕棻的文章幾乎不見鐵騎刀槍那樣陡然拔高的聲調，彷彿只是一路蜿蜒的小河淌水，時時傳來清泠之聲。作家的氣質顯現在語氣、腔調上，而氣質這件事是最難模仿的。

我喜歡《浮生草》、《洪荒三疊》這兩本散文集裡的生活感，書寫者以閒淡之眼凝視紅塵浮生，讓感覺說話。柯裕棻寫輕風流雲，寫歲時變化，看似尋常卻有事。有事的散文最好看，《洪荒三疊》壓卷的第五輯「洪荒三疊」最有事，可視為一系列的青春物語，若再用力一些就是小說了。輯中的這篇〈流雲〉，圍繞著徒勞之感著筆，而每一個年紀各有不同的「徒勞」。這種徒勞之感，也許可以讓人可以偶爾寬諒自己，把過去的事拿出來說一說。

文章裡的女孩，十六歲那年初秋午後騎單車到溫泉地，單車落鍊後，巧遇小城裡最有聲名的男孩……。這一場偶遇，別後不復相見，卻留在書寫者心裡，彷彿成長的一枚標記。文章結尾說：「我繼續虛張聲勢地長大，總是刺傷一些人以保護自己。落得這樣毫髮無傷，還不如當時畸零殘缺的好，還不如當時徒勞擁抱的好。」我恍然察覺，從「彼時」到寫這段文字的「此刻」，原來「徒勞」也是有重量的。

（凌性傑）

輯二：說說道理

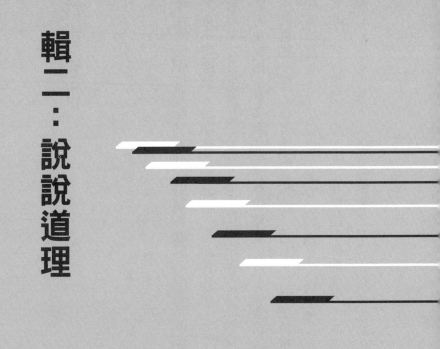

理性與感性

楊牧

理性的反面是非理性，這一點容易瞭解。所謂非理性應該就是感性，蓋理與感二分，也不是完全不可瞭解。坊間流行的辭書之一釋理性曰：「哲學名詞，指思考推理等能力，別於感性而言。」這所謂哲學名詞，正是有理性的人約定俗成的專門用語，俾所有願思考願推理的頭腦方便使用，庶幾無產生誤會的危險。書上並舉例說人是理性的動物。其實據我觀察，人和別的動物一樣，也有他的非理性；而且他有時還能依本能行事，讓感性帶領，如猛虎巡山，如黃蜂歸巢，並不見得一定會出問題，反而使他更具「人味」。理性和感性同樣是多力而有效的，何況無論如何，人生在世還須靠點運氣。而運氣也者，才真是我們這種動物最不能瞭解的。依我看來，人之異於禽獸者很多，但彼此最大的共同點，就是大家對於運氣之為物都茫然不解。

人寫作思索論調，也創造詩詞小說。表面上看來，他的哲學是他理性一面的產物，而文學便是感性的產物——其實又不盡如此。這一點應該也不難瞭解。然而不久以前我看到一位知名的心理學家卻以理性成分的多寡為標準，來區分文學類和非文學類著作的不同，使我十分吃驚。我的朋友吳靜吉博士分析一九八四年臺灣前二十名暢銷書的種類，發現其中有九本是翻譯自美國和日本，而「這九本翻譯的書，只有一本是屬於文學類的，其他八本都屬於非文學類的，換句話說，越接近理性的書籍，我們越仰賴外國，尤其是美國。」言下雖未將文學歸為非理性範疇的產物，卻將我們心目中非文學類的作品擺在「接近理性」一端，並將文學類的作品推向另一端。至於那另一端是什麼，不言可喻。五十年代學界曾盛傳「兩種文化」（two cultures）之說，指科學和人文的歧異相背。其實我常覺除了專攻文學的人以外，與談文學最能使我矍然動容的「外行」，時常是學物理，化學，數學的朋友，則早期「兩種文化」之說可疑。根據我有限的閱歷，天下最高貴的學術心靈中去文學最遠的，往往竟是表面上看來比較可以接近文學的，新時代的社會科學（social sciences）領域裏的專家們。我相信吳博士會同意我這個看法，雖然我這個句子寫得有點顛三倒四——因為心裏不太高興的關係——一支筆在理性和感性間搖擺。

把文學當作是距理性比較遠的東西看待，基本上是錯的。根據我的認識，文學和普天之下任何學術藝術乃至於一切營生技術一樣，都是理性和感性的結合，而且它恐怕比許多別的科目——例如心理學——更要求理性和感性的平衡。心理學家固然可以分析一個文學家，而文學家以他的素養和技術，說不定還能描寫猛虎之如何巡山並解說黃蜂之所以歸巢，正如他可以托出一個心理學家的心理。文學的定義之一是來自它所秉持的基本表現方法，即感性地響應着理性的領導，以準確的文字佈達那一份覺悟和發現，省去難看的統計圖表，摒棄大言不慚的法則。唐詩：「舍南舍北皆春水，但見群鷗日日來」是感性抑理性的產物？熟讀唐詩三百首的心理學家可能以為那全是感性，但我們認為這兩句話正是理性和感性最完美的結合。如果詩裏的鳥換成鷹，鴨，鳩之類，則原來那鷗所提供的象徵功用失去，心理學家的判斷就可以算是對的；但老杜何等功力，在種種春來的飛禽中獨鍾其一，乃着一鷗字，便證明了文學的創作不但是感性的觀察和體會，也講究思考推理的策略，即此一端所顯示的理性便不讓所謂「非文學類」專美！

賞析

網路上流傳著一種性格測驗，號稱能測出你是理性的人還是感性的人。方法很簡單：將兩手十指交握，如果左手拇指在上，代表你在接收訊息時優先使用右腦，是個感性的人；如果右手拇指在上，代表優先使用左腦接收訊息，是個理性的人。

你相信這個測驗嗎？或者，你相信人有理性與感性的分別嗎？

我們似乎很習慣將世界上的一切簡化為理性和感性兩大類。例如，人是理性的，禽獸是非理性的；男人是理性的，女人是感性的；科學、哲學是理性的，文學是感性的；左腦是理性的，右腦是感性的……

只是以過度簡化的方式來劃分人事物，往往不能看見全貌，甚至會製造不必要的對立和分隔，破壞和諧，打亂平衡。楊牧在〈理性與感性〉一文中，便直指這種「簡化分類」的疏漏。例如：當我們將人歸類為理性的動物，而別的動物屬於非理性時，便忽略了人也常常依本能行事，讓感性帶領。

而當人們將哲學歸屬於理性的產物，將文學歸屬於感性的產物時，一樣犯了以偏概全的錯誤。文學並不只有感性，而是理性與感性的結合，講求理性與感性的平衡。楊牧舉杜甫〈客至〉：「舍南舍北皆春水，但見群鷗日日來」為例，詩句展現了感性的觀察與體會，但詩人在各種春來的飛禽中選擇了「鷗」，以「鷗」作為詩的主要意象，必然也使用了理性的思考推理策略。

不只文學如此，楊牧還認為「普天之下任何學術藝術乃至於一切營生技術」都是如此，都是理性與感性的結合。世界上沒有一門學問是理性的，或者是感性的，所有的學門都講究理性與感性的平衡。因此本書雖然將選錄的篇章約略區分為理性與感性二大類，但實際上每一篇都是理性中有感性，感性中有理性。

進一步推想，不只文學、學術、藝術、技術如此，每一個人也都是如此，都是理性與感性的結合。珍．奧斯汀（Jane Austen）的名作《理性與感性》中，沉穩冷靜的愛蓮娜看似「理性」的代表，但追尋愛情的過程中也展現了過人的熱情與執著；浪漫又任性的瑪麗安看似「感性」的代表，但在抉擇人生的伴侶時，也展現了澄澈的思辨與視界。

世上沒有任何一個人是純粹理性的人，或是純粹感性的人，每一個人都是理性與感性的結合。兼有理性與感性，才是一個完整的人。

（林皇德）

牛仔褲

李明璁

週末時刻，全世界有無數的人，下床梳洗後，將自己雙腿塞入牛仔褲，或居家或出門。城市街道上，男女老少、胖瘦高矮、各色人等，牛仔褲是不約而同、隨處可見的制服。即便南半球的鄉村無產階級，也可能和北半球的都會布爾喬亞，同時感受某種相近的衣著體驗。

一系列華美的修辭，被時尚工業與大眾媒體用以頌揚牛仔褲——「自由無拘」、「簡單率直」、「獨立反叛」、「性感緊實」……甚至有學術作品形容它是民主普及、平等擁有的意義載體，畢竟不管每個人的心中，到底有沒有一座「斷背山」，他／她的櫃子裡，至少都有一條牛仔褲。

於是人們說：這又是個「美國神話」全球化的象徵物，正如同可口可樂、麥當勞或NIKE。不過我倒覺得，差別在於：我們不會一手拿著可樂、一手散發麥當勞「破壞第三世界農產結構」的傳單；但我們卻很有可能，穿上牛仔褲，高舉雙手抗議NIKE剝削勞工。

牛仔褲若有什麼了不起的，大概就是它擁有某種難以駕馭、持續自我定義的矛盾性。第一個弔詭，是它的身世。「藍色牛仔褲」（blue jeans）這名詞大約一九二〇年代才開始通用，但早在十九世紀中期，用單寧布製成、在袋口縫線處以粗銅撞釘加強固定的「撞釘褲」（Riveted Pants），於舊金山礦工圈子逐漸流行開來。

原本是勞動者自身，為了牢靠地將礦石放入褲袋，所反覆實驗的裁縫策略，但正如當時各種「發明」宣稱，可能都是對集體創作的專利獨佔。Levi Strauss——一位和人類學大師李維史陀同名的資本家，不久即昭告世人：這是他首創（而非採用）的點子。從此，Levis公司不僅生產牛仔褲、也生產自身的神話歷史。

班雅明曾說：「處在徬徨的現代化關卡，人們欠缺處理正在發生事物的能力，於是他們透過尋找一件新的服裝來面對」。二十世紀初的美國，新興電影工業、社會改革計畫與牛仔褲廣告三者巧妙結合，打造出一種「新平民」階級的大眾認同。牛仔褲既依賴左派意象，卻又是流行商品。

牛仔褲逐漸打破既定的衣著邏輯，既是裝扮但又邋遢。它開始以一種「自由美國」、甚至是「革命的」姿態展演保守。牛仔褲屬於普羅階級、卻訴諸個體叛逆，而非群體反抗。在螢幕上穿著它的平民英雄，是靠一己的打拼（或僅只是裝扮）確立了個人認同；而不是與他同樣身穿牛仔褲的勞苦者，作夥打造屬於自身的集體認同。

幸好，六〇年代把牛仔褲連同人們的身體和心靈，都一併解放。破爛、拼貼、改造，嘻皮們用自己方式奪回並再製它。而同時，好萊塢則繼續發揚它的性感，並大量輸出。法國作家尚惹內（J. Genet）就說：臀部和大腿緊裹著牛仔褲的年輕人，既色情又純潔，線條的美和夜的黑暗如此協調；其實他們全身宛如裸體。

如今，牛仔褲繼續自體矛盾、增生。在空間面向上，巴黎舞台的走秀名模、倫敦廣場的抗議人士、紐約華爾街的小開、東京秋葉原的駭客，都穿著它，各取所需各盡所能。至於在時間面向，因為牛仔褲的百年歷史就是迷思的建構元素，即使不能穿的二手破褲也擁有驚人的市場價值。

牛仔褲遠看差別不大，所以細節的區辨、甚至加工改造，反倒成了個體詮釋和私密佔有的關注（儘管時尚論述還是提供了架構）。而所謂的「美國化」，也可能是這麼一回事吧——它自以為是的壟斷神話，其實正持續被轉化、解構，就像一條洗白、破洞、或支解重組的、屬於自己的牛仔褲。

賞析

人與貼身之物的關係，是那麼細密難解。一個人如何看待與自身相關的事物，即便是微觀之中亦必藏有深意。李明璁《物裡學》的序文說道：「自我和物件所共同構築的小小宇宙，是對我們所失去世界的小小補償。對物的收藏、凝視與閱讀，成了一種建築工事，既是不同時間的堆疊、也是相異空間的混凝。在這裡頭，自我被微妙地從外在世界的混亂與虛無中隔開，在記憶和想望的碎片中，悄悄而紮實地重建。」

李明璁筆下的牛仔褲，「擁有某種難以駕馭、持續自我定義的矛盾性」。除了〈牛仔褲〉所碰觸的問題，這種服裝形式除了可以展現自我意識，也與全球化經濟、產業模式、勞動力、環境污染這些議題息息相關。〈牛仔褲〉在短短篇幅中，告訴我們許多象徵與暗示。物件不再只是物件本身，千絲萬縷的意義脈絡仍有待廓清。被轉化、解構的那些象徵，確實如李明璁所言：「就像一條洗白、破洞、或支解重組的、屬於自己的牛仔褲。」

（凌性傑）

博愛：學習去愛和自己不一樣的人

楊照

前些年過世的法國哲學家德希達（Jacques Derrida）曾經出版過一本題名為《博愛政治學》（*The Politics of Friendship*）的書，這個書名很難貼切地翻譯成中文，只好多費點篇幅解釋一下。

德希達要處理的，是法國大革命最響亮的三個訴求中的一項。法文原文中，這三個口號是「Liberté! Égalité! Fraternité!」我們一般在歷史書中將之翻譯為「自由，平等，博愛」。法文中「Fraternité」原義是兄弟手足情感的意思，換句話說，大革命熱情地追求讓所有人都能去除人際藩籬，所有人像兄弟一般，不只和平相處，而且真誠相愛。

作為一個理想，「Fraternité」有什麼不好？好極了，如果一個社會，大家都能如同家人般相親相愛，那不就是人間天堂了嗎？

可是德希達卻對這樣一個高蹈且高貴的理想，感到惴惴不安，他在《博愛政治學》書中，追溯西方哲學歷程，追到了一個根深柢固的思想模式，那就是西方哲學一貫致力於要將個人解釋為完整、和諧的存在。

西方哲學的努力及其最大的成就。正在於以思考來解決人存在上種種異質，甚至矛盾的成分。哲學解釋世界，而在出發去解釋世界之前，要先解釋自己。在西方哲學的傳統架構中，我們要先找到一個完整、和諧、一致的自我作為主體，才能以此主體為基礎，去認識、理解外在世界。

德希達在這樣的思想前提中，看到了麻煩。人先想像自己是和諧、一致，人建構了的身分（identity，也就是「認同」，使一切同一的意思），就很容易以這樣的想像形象對待外界，要求我們所處的世界。

是博愛或是狹愛

於是我們對世界的愛，其實只能是對自己的愛。在德希達看來，「Fraternité」當然不是「博愛」，而是「狹愛」。我們要愛這個世界，先得想像整個世界消除了差異，每個人都跟我一樣，至少跟我的家人一樣。

法國大革命，宣揚「博愛」，可是這個「博愛」其實是有嚴格限制的。要為我所愛，先得要變得和我相似，和我的家人相似。

以家人兄弟來當愛的標準，反過來看，也就將與我不相似的異質成分排除在外。我們理直氣壯地，一方面愛與自己相似的人。一方面激烈地將與我們不一樣的人，排除在愛的範圍之外，甚至推到「恨」的對面上去。

德希達要指出的是：「博愛」這個理想，落在事實上，非但不是讓每個人都自然地變成兄弟，反而是讓每個人都霸道地要求別人變成自己的兄弟。對於與自己不同，不能成為兄弟的人，就公然歧視、殘暴對符。這才能解釋為什麼法國大革命不是一場愛的喜劇，卻成了血腥屠殺的大悲劇。

這也解釋德希達眼中看到的西方政治最大的問題——「不寬容」。這又何嘗不能拿來解釋台灣今日政治上最大的問題呢？

我們沒有經歷西方哲學的思考，可是我們卻展現了那麼相似於德希達警告的現象。「認同」問題在台灣如此嚴重，因為許多人將「認同」無限上綱。他們想像的「認同」，其實只是選擇歸屬於一個國家，願意和一個社會同甘共苦，而是要別人都跟他們一模一樣。跟他們有一樣的政治立場，喜歡一樣的人，討厭一樣的東西，為同樣的歷史事件悲憤痛哭。

這樣的「認同」太沉重了，沉重到「認同」反而製造了分裂。當「認同」升高至每個人都得像家人一樣，霸道地要泯除一切差異時，「認同」就不再是愛的出發點，而成了「恨」的溫床。

破除我執的佛家哲學

這個時候，讓人格外珍惜與西方哲學走在不同道路的佛家哲學，尤其是佛教破除「我執」的概念，「我」根本就只是許多相異因緣的湊合，哪有什麼本性？沒有本性就是沒有本質，如果連「我」都沒有本質，都是一團雜質，換個角度看，一團雜質都能形構成「我」，那我們有什麼道理，有什麼必要去追求社會應該是同質，一致的呢？

不從一個本質性的自我出發，而從具有高度偶然性的因緣去理解社會與世界，我們不就能開闊安然地接受別人的異質性，在最大的異質中都還能創造出真愛？

愛兄弟，愛家人，不會是「博愛」；只有愛和自己完全不同的人，甚至自己不能理解的人，我們才真心進入「博愛」，也才有辦法、有資格組合一個和諧、安樂的社會。

賞析

二〇一七年，臺灣司法院公告釋字第七四八號解釋，認定民法不許同性別二人締結婚姻關係乃屬違憲。隨即引來許多反對同性婚姻團體的抗議，甚至提起反對立場的公投。

長期以來，臺灣政治上藍、綠及其他不同立場的分隔，與族群、地域、階級、能源發展、對外關係、兩岸問題、年金改革、勞工權利、社會福利……等等議題牽扯在一起，立場不同者往往難以共同理性地討論。放眼歐美等國的政局，不同立場的對立也漸趨激烈，走向極端，更難有和諧對話的空間。

二〇一六年，緬甸政府軍對羅興亞人展開大規模軍事鎮壓與種族迫害，超過十萬名羅興亞人成為難民，

二〇一一年，敘利亞由於宗教、意識形態的對立與其他難解的原因，引發激烈內戰，超過四百萬人被迫逃離家園，境內流離失所的百姓超過七百萬人。而湧入歐盟、土耳其、黎巴和約旦等地的難民也為當地帶來重大的問題。許多國家不願接納難民，或視難民為次等族群。

二〇〇八年出版的藍佩嘉《跨國灰姑娘》一書指出，臺灣人會以純淨／骯髒的二元劃分看待東南亞移工，認為外勞不潔、不正，會破壞臺灣人心靈上與生理上的純淨。

二〇〇一年九月十一日，十九名恐怖分子劫持民航客機衝撞紐約世界貿易中心雙塔，造成舉世震驚的災難，二七四九人在此次事件中死亡或失蹤。美國因而發動反恐戰爭，並加強反恐立法。美國與伊斯蘭世界的仇恨至今難以完全化解。

一九九四年，盧安達境內圖西族和胡圖族的種族對立問題，引發駭人聽聞的大屠殺，一百多天的時間裡，約有一百萬人遇害，另外還有二百萬人流離失所。

一九三三年至一九四五年納粹黨統治德國期間，奉行種族主義、優生政策，有計畫地迫

害猶太人、戰俘、身心障礙者及種種弱勢族群。設置多處集中營、滅絕營，不經審判便拘捕、驅逐人民，並逼迫收容者執行艱苦勞役，實施人體實驗，乃至大規模集體屠殺。受迫害人數超過千萬。

……

這樣殘忍而黑暗的事件，還可以不斷追溯下去。屠殺、迫害、排擠、對立，從不曾在人類歷史中缺席，這到底是為什麼？

楊照在〈博愛：學習去愛和自己不一樣的人〉這篇文章中，一針見血地指出人類世界的最大問題——人們很難去愛跟自己不一樣的人。所以，只有政治立場一樣、宗教信仰一樣、理念一樣，甚至是和自己一模一樣的人，我們才願意去愛。

楊照的幾句話，彷彿就足以解釋臺灣政治上、社會上種種的對立與衝突，甚至也足以解釋人類歷史上的許多殘酷面與陰暗面。解決之道很簡單，卻也很難做到，那就是本文那道簡潔明白又有力的標題——學習去愛和自己不一樣的人。楊照雖然認為這樣的博愛精神與人類的本性扞格，但仍然相信我們可以經由學習而得到。「異質」是這個世界的本來面目，我們不必追求同質，不必追求一致，只要學習去愛。

（林皇德）

德國有沒有博愛座？

陳思宏

近日博愛座在台灣成了話題，臉友寫信詢問，德國有沒有博愛座？

有，如圖，此為柏林BVG地鐵系統的U Bahn地鐵車廂，特定座位上方，會有一張小貼紙（紅圈處），實心圖像代表作位，空心十字指向人道、救助等意涵，沒有任何文字。全德國各地的捷運系統，無論是公車、地鐵，張大眼睛看，都會找到這個小標示。

博愛座的德文是Behindertensitzplatz，照字面上翻譯成中文為「身障者座位」，所以跟台灣使用的詞彙有差距，並沒有「博愛」字義。

那，德國有沒有讓座文化呢？捷運局有沒有宣導讓座禮儀呢？

慕尼黑捷運局MVG曾拍攝關於「身障者座位」的動畫短片，傳達清楚的「請讓座給孕婦、長者」訊息，旨在提醒人們注意這張小貼紙，影片最後字幕：Bitte überlassen Sie die markierten Sitzplätze Personen, die sie dringend benötigen.「請把有標示的座位，讓給有緊急需求的人們。」

我先說我自己的觀察，每個人在地經驗不同，我這裡說的是我的個人身體故事。德國並沒有大規模、制約化、集體的讓座文化。德國國土不小，每個鄉鎮、城市當然都有不同身體文化，但我個人的身體移動版圖上，並不常看德國到「讓座」這件事。人們並不會特別注意這張貼紙，長者鮮少要求讓座，年輕人不常主動讓座。

多年前剛到柏林時，我身體依然是台北捷運的韻律，一上車就馬上掃描博愛座的位置，注意到這張貼紙，根本不敢坐下。我一看到長者上車，就會主動讓座，但每次都落得尷尬，許多長者甚至露出不悅的表情，我還遇過爺爺用力把我「壓」回座位的場面。住了十幾年，我的身體逐漸加入柏林地鐵的韻律，不主動讓座，無視這張小貼紙。

針對此事，我跟身邊德國朋友聊過，每個人的想法都不同，但我問過的人，全部都不是會主動讓座的人，除非是看到對方真的很需要座位。有長者這樣回答我：「我比很多年輕人勇健，要是真的有需求我會開口說。」此社會注重個人，自己為自己的身體負責，來搭乘，就必須也為自己的身體負責，而不是仰賴陌生人的慈悲。真正身障者，搭乘公車、地鐵時，司機會走出駕駛艙，拿出斜板，協助乘客上車。

台灣的「博愛座」，名為「博愛」，飽滿至高道德感。老實說我最怕「博愛」這兩字，假，怎麼可能要求每個人的愛都必須廣必須深，虛。原本的美意，被擁擠城市集體焦慮催化，就變成了某種扭曲的道德觀。

請別誤會，我不是在稱讚德國，硬說「德國比較好」。我所居住的柏林，老人搭乘地鐵，的確很難遇到年輕人願意主動讓座，身體一定要有更強大的意志與力量，才能順利完成旅程。

我的身體，現在已經有辦法迅速區別台北與柏林兩城的捷運節奏。在柏林，會遇到喝酒、唱歌、尿尿的人，車廂、座位常見塗鴉，一般乘客可坐博愛座，打開車廂門要自己按按鈕。在台北，一切清爽乾淨有序，顏色不同的博愛座宛如電椅，車廂門自己會打開。

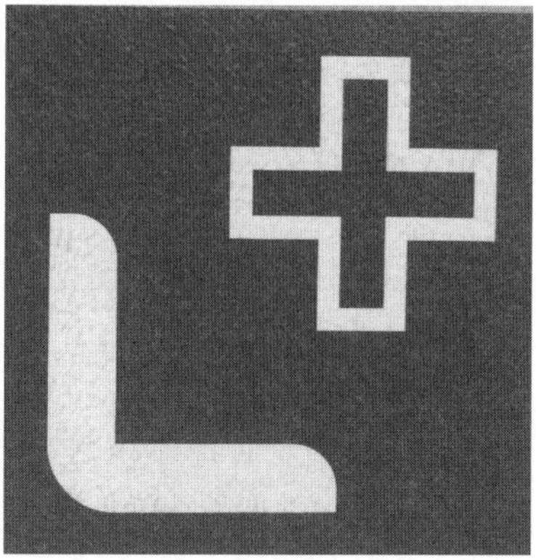

在柏林地鐵上，我喝咖啡不用擔心被罰款，販賣《掃街人》（*Straßenfeger*，刊物功能與《大誌》相同）可以上車廂叫賣，車廂裡有走音的街頭藝人，窮與富共乘一段，狗狗與腳踏車擠在一起，臭的香的都有行動的自由。在台北捷運上，我讚嘆車站與車廂的潔淨，車站裡有廁所、充電設備，車廂上一直不斷有人讓座，好多的名牌包包，好多整形廣告。沒有優劣，只是不同。但，誠實說，我愛柏林的系統，因為我熱愛自由。

讓座此舉本應柔軟，套上博愛的制約，要求別的乘客為我的身體負責，就堅硬惹厭了。

賞析

所有的現象與制度，大抵都有相對應的內涵與價值觀。正因如此，跨文化的比較才顯得格外有意思。同樣的一套設施、同樣的一件硬體，在不同的文化視野下就會展現理念上的差異。在台灣社會，博愛座的設計初衷本來是一樁美事。然而歷經時空變遷，人們的社會生活也有了改變，博愛座的存廢一再成為討論的焦點。盱衡國際現狀，日韓歐美的博愛座形式各異其趣，不同的文化框架底下，人們內心的善意形之於外，也就有了或大或小的差異。觀察這些差異，正可加深對異文化的理解，也可以促使自己不斷反思當下的情境。

陳思宏久居德國，他的〈德國有沒有博愛座？〉這篇文章，正可以提供文明的參照。當然，他也以個人的身體自覺，直接回應博愛座的命題。我們當然明白，道德意識跟法律規範不同，每個人的文化體認也不需要一套標準答案。選擇的問題，常常不會是對錯的問題。陳思宏結論說：「讓座此舉本應柔軟，套上博愛的制約，要求別的乘客為我的身體負責，就堅硬惹厭了。」於是顯得格外真誠、格外有意思了。

（凌性傑）

殺人魔

李濠仲

一個很特別的機會，我和幾位台灣法律界的朋友相約商討一起關於「死刑犯」的案件，而後希望藉由書籍出版的方式，從一位曾經被判死刑，最終獲致無罪者的親身經驗中，去探究台灣司法的病症，以及衍生挖掘這個社會如何長期先入為主，挾著偏見論斷是非。

當時我所構思的重點，不在論及死刑存廢問題，卻在法律懲罰的形式之外，試圖找出我們對於犯罪事件的補救之道。到底我們必須經由什麼樣的途徑，才能對已然發生的遺憾，找到化解傷痕的良藥，甚至避免重蹈覆轍。結果我發現，這是何等浩大的工程。它包含了加害者、受害者以及旁觀者的角色（有時甚至會交錯互換），乃至被誤判有罪者的心靈重塑。愈是深思，欲覺得自己徒然鑽入一處無底深淵，益加遍尋不著那具協助我們攀爬出井底的梯子。

每每陷入不得其門而入的窘境，我的腦海裡總會閃過一張臉孔。他是曾在二零一一年夏天殺害七十七條人命的挪威殺人魔布列維克。挪威極右派分子布列維克當年被逮受審，最終進入伊拉監獄服刑，由於挪威沒有死刑，因此法院只能將他監禁在這間專門管控重刑犯的牢籠裡。在解決我那繁複、不知從何下手的台灣司法習題之前，我打算先以挪威相對簡易、明確的矯正式監獄，作為思緒的起始，至於布列維克，則不失為現成的參考案例。

因為所犯罪行惡性重大，布列維克不僅被關進伊拉監獄，而且還得面對「獨居牢房」的加重處罰。由於事件特殊，儘管他人已入監服刑，挪威媒體仍十分關注布列維克獄中生活的後續發展，以至我們經常可以從新聞上得知他獄中的表現和近況。就在他關入大牢的一年半後，有次挪威媒體採得布列維克的發言，結果沒想到他當時正揚言絕食，只因為獄方久久未替他更換新款的電視遊樂器，微不足道的小事，足以讓他苦不堪言。

挪威自本世紀初開始落實「監獄人權」的理念，許多做法，常讓外國人匪夷所思，縱使是伊拉監獄，向來也是以「興辦學校」的心態在管理受刑人。發生在其他國家，布列維克的罪孽，可能已讓自己得到不只一個死刑，如今他卻還能完好地在監獄裡大發牢騷，當拜這個國家不僅沒有死刑，且還有標榜以「教化」為導向的獄政原則。

布列維克服刑期間，受制他個人情節特殊，因而不得和其他受刑人互動，也不能上網，以及很可能得等到刑期（二十一年）屆滿才有辦法出獄（挪威重刑犯普遍於三分之二刑期過後即可獲得假釋）。但他仍享有多項基本人權。包括在獨居房打電動玩具，以及自己在健身房練身體。就在獄方為他送上新款電視遊樂器之後，布列維克隔年提出的要求，則是希望自己可以上大學，且指名挪威最具聲望的奧斯陸大學就讀。

布列維克的要求，等於給奧斯陸大學出了道難題。因為根據挪威法令，受刑人只要依規定申請，也有接受高等教育的權利。布列維克當年的槍下亡魂，不乏奧斯陸大學的學生，如今要學校接受布列維克，真是情何以堪。

奧斯陸大學校長終究接受了布列維克的申請，一時輿論滔滔，當時我也深覺不可思議，究竟憑什麼一個喪心病狂的傢伙能對這個社會予取予求？不過，奧斯陸大學校長烏特森事後的解釋，卻也十足地表現出典型的挪威價值。

烏特森認為，情理上，儘管面對的是犯罪者，他確實也沒有理由拒絕布列維克申請就讀奧斯陸大學。另一方面，更為重要的是，當舉國都還未能真正清楚認識布列維克之前，說不定反可藉由滿足布列維克的需求，順勢研究一個犯下嚴重殺人事件者的行為模式。於是，布列維克就讀奧斯陸大學案（和其他學生隔離授課），亦可成為某種深度解析犯罪者的機會，以便更貼近這一類人的心識反應，而後找出防杜第二個布列維克出現的可能。

假設純將布列維克視為犯下一起重罪的犯人，則社會的目光焦點，僅能聚焦在他個人的懲罰形式上，但布列維克所代表的，又未必僅是他單獨的自己。整個社會是否應該以他為起點，進一步化解潛藏在其它角落，隨時虎視眈眈欲圖複製布列維克行徑的邊緣人。

監獄通常被視為是對犯錯者的懲罰手段，經由布列維克一例，我們於是不難理解，何以挪威獄方長期以來似乎更為重視受刑人的「福祉」，例如讓受刑人也有機會欣賞到監獄外圍的湖光山色，可以在閱覽室上網，到交誼廳看電視，在健身房跑步鍛鍊身體，且不在牢房內加裝任何監視器，表現良好者，另可獲准週末回自己家裡「休假」，有些不設圍牆的「開放式監獄」，其受刑人的日常生活幾乎可比照一般務農人家。

外國媒體風聞挪威獄政特殊作風，常年都會派人前往採訪報導，內容多半以「比住飯店還舒服」形容挪威的監獄風雲。不過，監獄人權的政策只是促成這類鬆散管理的原因之一，藉由有別於傳統嚴峻的處罰方法，整個挪威社會其實獲得了更多來自受刑者洗心革面後的回饋。一來或許證明了教化有成，二來也有助於掌握人格偏差者的教育內容，並找出導正其行為更有效的步驟，避免再犯，乃至不令極端的「死刑」，以一顆子彈，就一併阻卻了民眾藉由犯罪者個人，延續社會自我教育的可能。

尤有甚者，二零一四年三月中，位在挪威東福爾郡（Østfold）的薩普斯堡派出所因人權團體多番反映，決定為內部新啟用的單獨監禁牢房加裝稱之為「lydkunst」的藝術音樂播放系統，藉由營造更舒適的環境，幫助受刑人在服刑期間陶冶性情。挪威人權團體總認為單獨監禁的作法，是將一個活生生的人與世界隔絕，不盡人道的結果，恐怕無助犯罪者反觀自省，還可能加重負面思考，日後更難重新做人。

薩普斯堡派出所這項創舉，同讓當地媒體感到好奇，於是派人前往實地一窺堂奧，之中難免有人質疑這麼做是否讓受刑人的待遇好過頭？東福爾郡警察局長威德森則為新政策辯護，強調藝術音樂播放系統並不是高級影音設備，純粹是為受刑人打發時間，又或者可藉此協助他們靜下心來，閉上眼睛，想像自己是在別的地方，而不是在監獄裡，如能因此減輕這些人潛在的心理創傷，說不定有利他們改過向善，而這才是監獄存在的真正目的。

近年來關於挪威監獄人權的具體作為，儘管總有正反兩方攻防不斷，但彼此至少都是在「人權至上」的平台上做爭辯。挪威律法早期曾受一七八九年法國《人權宣言》影響，此外又接受了二戰之後，一九四八年《世界人權宣言》和一九五零年《歐洲人權公約》的主張，從此將「人權」納入國家核心政策之中，一如「兒童至上」、「平等（權）主義」、「多元文化」，相繼主導了這個國家日後的發展。

挪威社會內部在爭論何謂公平、正義時，於其之上，總還有一套清晰的國家核心信仰，作為彼此論證的道德基礎，癥結往往只在於究竟要把那套核心價值發揮到什麼程度而已。薩普斯堡派出所將藝術音樂播放系統用至單獨監禁牢房，就和社會上其它爭議話題一樣，有贊成、有反對，又不至演變成不同立場者的叫囂對罵。極其有幸，在意見經常分歧的社會，更為深植人心的國家核心道德經常能夠發揮作用，從而收斂彼此，讓各方意見衝突有機會變得饒富意義，對強調監獄懲罰性目的的人來說，薩普斯堡派出所的創舉或許有些詭異，但關於這個國家的內在價值，卻因此更顯清晰。

挪威經驗未必完美無缺，但正由於它屬於來自地球上另一端特有的模式，總能適時刺激身為台灣人的我，盡可能跳脫既有僵固的思緒，在面對橫梗在前的問題時，有機會另闢蹊徑。日後為撰述那名重生後死刑犯的故事，也許依舊艱澀以至一時難以動筆，但當初的一段挪威之行，已足夠讓我用更多元的視鏡，去穿透我們習以為知的罪與罰。

回台後，偶然在一期司法改革雜誌中，得知台灣法務部近年正積極推動「修復式司法」（或稱修復式正義），也就是希望把原本刑事訴訟中，將犯罪者視為犯了錯，因而必須受國家法律懲罰的傳統思維，改以強調從醫治的觀點出發（如同挪威監獄的「教育原則」），讓加害者和受害者都有機會成功復歸社會，繼續對他們身處的社會做出貢獻。看到這消息，真是令人雀躍，觀念的急轉和變革，前方也許仍是條漫漫長路，但至少我們已走在那軌跡上了。

賞析

二〇一一年夏天，挪威極右派分子布列維克殺害七十七條人命，此一事件震驚國際社會。「殺人魔」一詞，隨之成為布列維克的標籤。挪威沒有死刑，布列維克受審後被關入伊拉監獄。基於挪威監獄人權的思維，伊拉監獄向來以教化為導向、以「興辦學校」的方式對待受刑人。此外，根據挪威法律，布列維克申請接受高等教育。奧斯陸大學校長最終接受了布列維克的申請，李濠仲說這十足地表現出典型的挪威價值。

「他山之石，可以攻玉。」〈殺人魔〉這篇文章以清晰的敘事，讓這起發生在挪威的悲劇，產生了意義的提示。關於死刑的存廢，我們需要更多的討論，去談人權、法律、教化，以及最根源的人性論述。電影《第三次殺人》裡出現了非常激烈的辯論：「有些人就是不該被生下來的」／「沒有人是不該被生下來的」。這對話或許暗藏了質疑：人們是否有權力藉助法律手段去「處決」一個生命？布萊恩．史蒂文森《不完美的正義》提到：「我開始想，如果我們全都意識到自身的破損，承認自己的弱點、缺陷、偏誤與恐懼，那會發生什麼事？也許這麼一來，我們就不會想將那些曾殺害他者的破損之人置於死地。也許我們會更積極尋找照護失能者、受凌虐者、不被重視者及創傷者的方法。我想著，如果我們意識到自己的殘缺，我們就不會再對於大規模監禁、處決他人、對最脆弱之人漠不在乎的態度引以為傲。」〈殺人魔〉並不急於給出答案，而是讓讀者陷入沉思，去揣想「理解」如何可能。

（凌性傑）

民主的斗篷

周軼君

剛到伊拉克，我很難啟齒詢問人們對民主的看法。跟任何其他地方一樣，撲面而來的首先是生活。伊拉克人習慣了在不安全和不方便中吃喝拉撒、婚喪嫁娶。一個星期四夜晚（週五是阿拉伯人的休息日），我住的酒店裡舉行婚禮。台階上一陣鼓樂喧天之後，新娘挽起白色婚紗長長的拖尾，踩著細尖的高跟鞋，側身低頭，走過窄窄的安檢門，進入宴會廳。來賓們雖然得挨個接受搜身檢查，臉上依舊帶著喜慶。

但伊拉克人對民主並不陌生。當我提及它時，每個人都樂於發表看法。而且讓我稍稍意外的是，伊拉克人很少直接批評民主本身。

我到巴格達的兩天前，兩輛裝滿炸藥的汽車先後在卡拉達（Karada）大街上的什葉派聚居區被引爆，目標是路邊超市門口的人潮。兩天以後，除了死傷者已被移走外，現場沒什麼變化：到處都是一片焦黑，碎玻璃碰在地上鋪了一層，泊在附近的小汽車扭曲成一團。清理工作要靠住戶們自己慢慢完成，政府管不過來。鮮花和蠟燭，圍著死傷者相片，四十九張。七年前這裡發生過一次一模一樣的襲擊。

十二歲的穆塔茲住在二樓，被氣浪彈起，腦袋撞到了玻璃上。我見到他的時候，頭上還纏著紗布。聊了一陣之後，我慌慌不安地提到民主之禍，不知道這個小男孩有沒有聽過這個詞。沒想到，他看了我一眼：「跟民主有什麼關係，這是恐怖主義。」一個中年男子說起當時的情形，眼裡淚光閃動。上一次爆炸父母受傷，這次五歲的兒子手背上一大塊皮膚被灼傷。他把這一切歸咎於政府的漠視：「他們只在乎黨派爭鬥，根本不管我們死活。我們沒有民主，首先連人道都沒有。」議會選舉即將舉行，他毫無興趣。我想起「阿拉伯文化首都」閉幕式上，一名伊拉克官員致辭時說，「伊拉克人每天都在為民主付出血的代價」。而在這些爆炸受害者看來，分明是政府不作為，還讓民主躺槍。

「民主不是不好，是伊拉克人不懂得用它。」美聯社駐巴格達記者穆罕默德．卓里（Mohamad Jori）說，「對我們來說這是新的，從來沒試過。」在伊拉克公開場合拍攝，必須有一張官方許可證，但申請程序複雜耗時。短期進入當地採訪的媒體，通常會雇一名已經獲得許可的外國媒體記者。穆罕默德就這樣連人帶證加入了我的隊伍。

「素質論」在這裡也有信徒。「東方國家都不適合搞民主。」伊拉克攝影師維薩姆在一次官方活動中遇見我。一見中國人，他主動聊起這個話題：「民主對於伊拉克人來說，就是見到紅燈偏要過馬路，民主了嘛，我愛怎樣就怎樣。」

也有人說，民選出來的伊拉克政府，就是問題本身。遜尼派與什葉派之間存在對立，即便什葉派內部也是派系林立。伊拉克政治家們等不及選票分勝負，試圖在投票前從肉體上消滅對方，或者在對方選區製造恐慌。國際媒體多有報導，總理馬利基看似溫吞，但八年來屹立不倒，靠的是在正規軍之外組建的御林軍，不惜以暗殺、爆炸摧毀對手，法庭也是他打擊異己的工具。二〇一〇年議會選舉，馬利基黨派本來以兩席之差落後於另一個政黨——該黨領袖是屬於什葉派但與遜尼派關係密切的阿拉維。但馬利基前往伊朗尋求支持，最後反敗為勝，連任總理。這個戲劇性的轉變令遜尼派穆斯林普遍失望。「蓋達」組織原本在伊拉克沉寂了一段時間，但從它裂變出來的伊斯蘭國（Islamic State of Iraq and the Levant）組織突然壯大，與遜尼派民眾對馬利基統治的憎惡不無關係。

伊拉克的現實政治，發生在民主的斗篷下面。《經濟學人》雜誌曾經刊文指出，「新生民主必須抵擋『多數暴政』的誘惑，不能上了台就為所欲為。」但也許就像看見紅燈要過馬路一樣，掌權之後「為所欲為」的誘惑極難抵擋，尤其對於曾經受海珊壓制幾十年的什葉派。

美國前駐伊最高文職長官布雷默（Lewis Paul Bremer）魯莽實施的「去復興黨」和解散伊拉克軍隊計畫，打斷了社會運轉的鏈條，從另一個方向推進了新上台什葉派的「為所欲為」。待到發現反美武裝中高層大多是失去工作的原復興黨人後，再推行幫助他們就業的政策，為時已晚。

民主在伊拉克，正如那些形同虛設的檢查站，不是沒有看得見的制度——選舉、議會、法庭，而是那些看不見的地方決定了它是否有效：執行者在想什麼，怎麼做，他們手裡的工具是不是真貨。

一些改變還是發生了。

薩拉丁是美聯社攝影師穆罕默德的朋友。幾年前，他租下一間辦公室，五個職員，辦起新聞網站。海珊時期，他在官方報紙工作，因言獲罪逃出伊拉克，戰後才重返故國。海珊時期，伊拉克電視上只有兩個官方頻道，現在光伊拉克本地電視台就有幾十個，家家戶戶隨便裝衛星天線。「言論是很自由的，批評總理馬利基，太正常了。」薩拉丁接著做了個奇怪的表情，「但批評完了不保證你沒事。更可恨的是那些武裝分子，批評他們不會坐牢，但可能被幹掉。」當時，從「蓋達」分裂出來另立門戶的極端宗教組織，剛剛滲入伊拉克安巴爾省費盧傑，宣佈成立「伊斯蘭國」。薩拉丁寫文章斥責他們為「新海珊」，隨即有人在他家門前放上一顆子彈。暢所欲言的時代來了，「免於恐懼的自由」仍然缺席。

在巴格達期間，我們趕上過一次示威抗議。街頭小廣場上，幾輛坦克圍住二十多名示威者，不讓其他人靠近。一名士兵告訴我，示威者要求處死監獄裡的「蓋達」成員。伊斯蘭國武裝在伊拉克西部突然冒起，與一年前的一次越獄有關。他們成功營救近五百名囚犯，逃離號稱「全國最牢固」的阿布格萊布監獄。這批人加入伊斯蘭國，壯大了它的實力。什葉派示威者要求殺死囚犯，但實際上，國際人權組織不斷批評伊拉克政府「隨意處死在押武裝成員」，其中絕大部分是遜尼派。

伊拉克軍警打算驅散抗議者，不是因為集會內容，而是因為事先沒有申請。伊拉克新憲法賦予公民「集會、抗議的自由」，但必須提前向內政部申請，以便佈置警力，維持秩序。我向薩拉丁求證這件事，他說審批程序不是特別複雜，如今，抗議議員、抗議政府，上街遊行喊口號，理論上並不困難，但有些行動註定不會被批准，比如二〇一一年受到「阿拉伯之春」影響，伊拉克當地遜尼派抗議馬利基政府，還是遭到了軍警拘捕打壓。

「跟我說說，言論自由了有什麼好處？」

沒想到，這一問薩拉丁竟哀傷起來：「我們說什麼都行，但解決不了問題。」

「那沒有行嗎？」

「我想只會更糟。重要的是，今天每個伊拉克人看待自己不同了。」

一個在當地的中國商人曾經告訴我，明顯感覺到伊拉克的企業文化在變。過去，領導說一不二，現在內部會有不同意見。

「對你們是好事壞事？」我問。

「對能源等壟斷性行業來說，也許不是好消息，但對於其他商業活動，遊戲規則若變得更公平更透明，長遠來看當然是好事。」

賞析

周軼君的作品總是能讓讀者再「多想一點」。她透過文字敘述帶來「現場」，這些現場於是成為一扇理解世界的窗口。

梁文道曾如此評價周軼君的報導文字：「在觀看世界的時候先把過於龐大的自我放在一邊，並不是為了如其所是的『客觀』，而是為了得到更多出乎意料的聯想。那些聯想，對自己說不定才因此變得有教益。」《拜訪革命》書中的現場包括近年來發生政治動盪的地區，以及民主國家英國、德國、瑞士當前的政治衝突。周軼君寫出了進到現場的經歷，具體呈現那些革命事件的影響。阿拉伯之春、埃及的穆巴拉克下台、利比亞格達費失勢，乃至科威特、伊拉克的衝突……，這些國家的命運改變了，人民的生活也面臨重大考驗。

〈民主的斗篷〉裡說到：「伊拉克的現實政治，發生在民主的斗篷下面。」周軼君將問題埋在報導敘述裡：東方國家如何實踐民主、擁抱自由？如何讓民主選舉不致形同虛設？伊拉克人民該怎樣抵制「多數暴政」，該怎樣阻止權力者「為所欲為」？人民看待自己的方式不同，遊戲規則就有可能改變。

（凌性傑）

霸凌

袁瓊瓊

兒子上小學，第一天放學回來就跟我要錢。

他才剛上一年級，不過數天前還是每天靠娃娃車接送的幼稚園小朋友，吃穿喝玩都是伸手就有，我深信他並不知道這世界上有錢這樣東西存在。問他是不是老師要收什麼費用，不是。他很明確說：「要十元。」我很疑惑他知不知道什麼是「十元」。問他十元是什麼？他果然不知道。這個剛滿六歲的小人，一邊吃冰淇淋一邊說：「可以吃的。」那，十元是什麼樣子？他說：「粉紅色。」並且「很長很長」。

這個小傢伙概念裡的「十元」到底是什麼，已成千古謎題，沒有任何人知道了。就連現在已經長大了的他也不知道。不過問他要十元做什麼用，他卻很清楚。要給他的同學。坐他旁邊的學生叫他每天帶十元來給他，不然就要捏他的臉。

第二天我帶兒子去上學，順便仔細觀察一下那個幼年勒索者。很普通的小孩，頭髮很多，毛毛的。並不特別窮凶極惡，也不特別精靈古怪，就是極普通的小孩。短短手短短腳。他坐在兒子旁邊，上課時一直在打瞌睡。看到他那張小胖臉瞇著眼向桌面慢慢垂下去的景象，實在是絲毫不具威脅性。然而雖然看上去這樣無害，甚至讓人覺得滑稽，可愛的行為，事實上就是初階的霸凌。

在小學一年級時威脅不給錢就捏臉，到了國中，甚或高中，「手段」就不會這樣輕描淡寫了，而如果牽涉到「保護費」，明顯也絕不是十元錢可以打發的。霸凌的行為，其實並不像春天的閃電，不會突然發生。多數是逐漸累積的，那個跟我兒子要「免捏臉費」的小孩，如果繼續下去，在成長過程中，每次霸凌都一帆風順，又從不曾遇到別人對他反霸凌，可能會終身認為霸凌是他的基本人權。他或也不至於成為黑道，但是不會把人當人是絕對的。

繼小學被收保護費之後，大兒子似乎成了霸凌的慣性受害者。他念國中時，幾乎每一堂下課都會被人追著滿教室跑，不幸被抓到，就會被挾著往走廊柱子上「阿魯巴」。這件事他回家來從來不說。男孩子的成長過程之險惡，恐怕是母親們很難想像的。因為女性世界中不大有這些事。我後來會知道，是因為老師打電話來。到了學校才發現他滿頭血，門牙被打掉了。

那位對他慣性霸凌的孩子，看上去完全無辜，甚至身量也不比我兒子高大。臉白白的，老師把對方家長也叫來了，對方父母為了兒子的行為不斷道歉，小孩這時似乎膽怯，低著頭，他父親打他腦袋叫他道歉，他就聲音小小，囁嚅著說：「對不起。」老師叫他跟我兒子對不起，他也一樣，低著頭，幾乎惶恐的細聲說著：「對不起。」

他們上體育課，這孩子拿著籃球追著我兒子砸，我兒子滿場跑，大概所有人都覺得好玩吧，總之沒有人阻止，後來就砸中了我兒子後腦，摔倒時撞斷牙齒。兒子爬起來之後去撞對方，所以對方也不是沒有「受傷」，他被撞，大約咬到自己，嘴唇流血了。

兒子之後就一直是假牙。從十四歲起。回家之後他才說他不但是時常被阿魯巴，還常被人抓住雙手雙腳扔到廁所的小便池裡。可能因為他覺得那是他自己應該應付的事，所以從來沒回家來講。不過關於霸凌，他直到現在偶而還是會做惡夢。就像他的門牙，有些安全感和信任，他永遠失去了。

霸凌這件事，在孩子們，似乎界線很不清晰。那以欺負我兒子為樂的男孩，你說他是惡意嗎？很難確認是惡意，他只是習慣於找個不會還手的對象打發時間而已。許多「霸凌」行為的背後，其實幾乎是無意識的。並且是共同的無意識：霸凌的人，與被霸凌的人。雖則會產生或得意或憤怒的情緒互動，但是似乎對於「這其實就是霸凌」缺乏明確的理解。

小兒子國中時念的是六年制住宿學校，高中生和初中生的宿舍在一起。這也是畢業多年後他才提起。在他剛上學那一年，有天睡覺的時候被人喊起來，是高中部的學長，好幾個。他發現同寢室裡其他三個同學都被喊醒了。那時半夜。高中生拿著手電筒把他們帶到六層樓宿舍的頂樓平台去。頂樓平台沒有欄杆，只是一片平鋪的水泥地，沒有任何照明，四處一片漆黑。只有學長的手電筒光亮。

這群高中生要他們四個站到平台邊緣，然後兩手兩腳觸地，身體懸空。那是很難受的姿勢，擺久了之後手腳便開始顫抖。而那些高中生，看到這些孩子擺好了姿勢之後，就離開了。帶走了手電筒，再沒有回來。

他們撐了不知道多久，最後實在撐不下去，就站起來離開了。那些高中生他們一個也沒認出來，他們也沒有上報舍監。這件事就像那個沒有星光的頂樓平台一樣，無聲無息，什麼也看不見。幾乎就像是沒有發生。

小兒子這麼多年之後才提這件事，是因為沒有把那當成是欺凌。而那些高中男孩，在晚上睡不著的時候，獨獨為了取樂，做了這麼件可能非常危險的事。我想他們也不明白他們在做什麼。

都要等到出事了，有人傷亡，以鮮血和殘缺來確認，我們才真正明白我們究竟做了什麼。

美國麻薩諸塞州在二〇一一年五月通過了「反霸凌法案」（Anti- Bullying Law）。之所以會有這個法案產生，是因為上一年在麻州南哈德利高中發生的霸凌事件。

菲比．普林斯（Phoebe Prince），十五歲。她轉學到南哈德利不到一年，因為不小心被學校的風雲人物看上了，結果被風雲人物的女友抵制。這位女友人脈豐厚，於是發動所有親朋好友對付普林斯，務必要讓她在這個學校裡待不下去。手法諸如用「妓女」言詞灌爆她的Facebook留言版，在街頭只要見到便吐口水謾罵，以及把她的照片畫滿淫穢圖案貼到全校園裡。

普林斯忍耐和對抗了多久，我們不知道。有一天，在回家的路上，一輛載了許多學生的車一路尾隨她，邊跟邊罵她「賤貨」，並且用捏扁的汽水罐從窗外丟出去扔她。普林斯一路哭。回家之後，她就上吊自殺了。

這件事鬧大之後，州檢察官伊麗莎白・沙伊貝爾（Elizabeth Scheibel）控訴相關的學生，一共六人，她以侵犯人權罪起訴這些學生，如果罪名成立，最高可以判處十年徒刑。

可嘆的是，當普林斯死後，主導此事的三名女學生同樣成為被霸凌的對象，網路上一片叫囂要把她們驅離學校。在路上人見人罵。所有她們施之於菲比的待遇，現在反撲回來。但是她們不是一個人，多麼糟的待遇，有同伴一起承受，就多少會覺得可以忍耐下去。猜想這三個女學生是不會上吊的。

不過據此可以推演出一個結論，就是，「霸凌」行為之所以肆無忌憚，正因為一般人沒把它當作罪行。如果不是親身承受，即算是至親，很少理解這件事對當事人的傷害性。霸凌的「基礎」在於欠缺同理心。「同理心」一事，其實不像字義這樣簡單明瞭。如果總是只看到自己，無論對親人，對朋友，「同理心」這東西是不容易存在的。

賞析

一篇文章要把理念講清楚，常常必須藉助於陳述事件，讓事件引出思考與論斷。袁瓊瓊〈霸凌〉採取的，正是這樣的寫作模式。〈霸凌〉這篇文章開頭便敘述，剛上小學的兒子第一天放學回家就開口要錢。原來這筆金額不算大的錢，是同學強迫索取的「免捏臉費」。作者接著陳述其他程度不一的霸凌事件，從而歸結出個人的體悟：霸凌行為背後幾乎都是無意識的，對霸凌行為也欠缺明確的理解。而霸凌的起因，就是欠缺同理心。

從古至今，人類社會中的霸凌現象從未消失。即便是在自認為最文明、最進步的社會體系裡，學校或職場的霸凌事件依然層出不窮。日本學者森田洋司的著作《霸凌是什麼》如此定義：「所謂的霸凌，就是在同一團體內的相互作用過程中，處於優勢的一方，刻意的，或者集體造成他人精神上、身體上的苦痛。」森田洋司認為必須進行「公民權責教育」，才能阻止霸凌的悲劇。唯有提升集體的教養，張開知識與道德保護罩，才有可能防範、遏止霸凌現象。當我們願意辨明人與人的份際，能夠理解與同情他人，霸凌所導致的悲劇才不會一再重演。

（凌性傑）

風車詩社的文化暗示

——為風車詩社及《日曜日式散步者》紀錄片而寫

陳芳明

1

殖民地現代主義運動所展現的藝術，一直是相當迷人的議題。一九三三年成立的風車詩社，發行詩刊僅僅四期，卻引發了文學史上無盡的討論。為什麼乍起乍滅的詩社，能夠釋放出致命的吸引力，確實是饒富興味的問題。風車廢刊後的一九三五年，毫無疑問，是殖民地史上極為關鍵的一年。那年，台灣總督府在台北舉辦了「始政四十週年台灣博覽會」，顯然透過這樣的豪華展覽向整個東亞宣告，台灣正式進入成熟的現代社會。對於曾經是瘴癘之地的台灣而言，在短短四十年，就從傳統社會徹底改造成為現代資本主義的殖民地，等於是把人類的歷史進程，濃縮在最短的時間內完成現代化。風車詩社的誕生，似乎也為這樣的社會改造做了最佳旁證。

縱然只是發行了四期的《風車》雜誌，卻為台灣殖民地文學史投下一道燦爛的光芒。即使在二十一世紀的今天，也不能不讓人投以專注而深情的回眸，從文學史的演進來看，一種美學的誕生往往需要漫長歲月的釀造，同時也必須容許更多創作者的參與，才有可能展現藝術特質，這份特刊，為殖民地文學綻放了奇異的花朵。它完全沒有任何歷史軌跡可以遵循，也沒有任何社會條件足堪前衛藝術的實驗。詩社的城市台南，其實也並不屬於現代化都會。如果要解釋它的存在，也許只能從帝國範圍內的美學發展來觀察。

必須是經過大都會文化的洗禮，也必須是心靈受到現代主義運動的衝擊，才有可能在亞熱帶的土壤上開出異端之花。當時殖民地台灣的文學，基本上是以寫實主義為主流，作品裡往往暗藏著濃厚的社會反映，而且也充滿了批判與反抗。風車詩社無疑是逆著時代潮流而前進，為台灣文學突破了時代限制，也為台灣作家帶來全新而陌生的美學。如果說風車詩社是文學史上的意外與例外，亦不為過。然而，一旦有具體作品正式誕生，便深刻在殖民史上留下鮮明的痕跡。藝術的評價，從來不是檢驗它有多少讀者，也從來不是測量它在讀書市場上的流傳多廣，而是在探索作品本身的內涵與深度。其中表現出來的美學極致，才是文學史家的重要關切。

風車詩社的重要詩人楊熾昌、林修二、李張瑞，走在殖民地社會的最前端。蓄積足夠的勇氣，為台灣人心靈進行大膽的文字實驗。他們所結晶出來的前衛藝術，與當時台灣庶民的生活方式，簡直是處在兩個極端。他們遭到的抨擊，無非是寫出來的詩行脫離整個社會，或者他們被指控耽溺在自己的唯美而孤立的想像。寫實主義詩學的代表，正是台南郊外的左翼鹽分地帶詩人。他們無法忍受超現實的藝術，它不能勝任傳達受壓迫的台灣人心聲。他們以「薔薇詩人」或「貝殼詩人」的稱號，來概括風車詩社的格調，顯然有其焦慮的理由。在殖民地社會，台灣人永遠次等於日本人，而無產階級永遠次等於資本家。這種不公平現象，才是殖民地作家揭露的殘酷事實。

從《風車》雜誌的作品來看，可以發現楊熾昌或林修二的批判精神顯然相當薄弱，或者確切地說，他們對藝術的高度關切，遠遠超過對社會的深度關懷。但是從文學史的角度來看，他們的反抗精神也許較弱，卻從未喪失被殖民者的立場。更進一步而言，身為詩人，最重要的實踐並非只是在反映現實或批判現實，而是在創作過程中，如何追求飽滿的藝術性。在批判的實踐上，這群超現實詩人也許繳了白卷，卻不能因此而否定其文學史的位置。恰恰相反，他們的想像引導著殖民地的讀者，走到最遙遠的邊境，觸探到被壓抑的心靈是如何生機勃勃。他們通過文字實驗，鍛鑄新的語法與句式，把內心世界幽微的感覺挖掘出來。那樣的實驗，其實也牽動了許多敏銳的神經，為殖民地藝術找到全新疆界。

在他們的詩行之間，讓我們後世讀者察覺，多少飛翔的意象，承載著殖民地知識分子的無窮追求。殖民地文學的精神內容，並非永遠處在緊繃的反抗情緒。在某些鬆軟而神秘的時刻，對於無法企及的感情世界，殖民地心靈也會憧憬著，嚮往著，試探著。相對於鹽分地帶詩人的寫實傾向，風車詩社創造了另一個精神出口，使生命中的多少苦悶、多少壓抑找到紓解空間。那是殖民地文學的另一種高度，可以看見知識分子在抵抗之餘，並沒有放棄藝術的夢想。

2

《日曜日式散步者》的拍攝，可能是電影工作者的第一部嘗試，以影像方式詮釋殖民地的前衛運動。風車詩社所獲得的藝術啟示，無可懷疑是來自帝國的影響。尤其是帝都東京，在一九三〇年代就已經是充滿了速度感的都會，從街車到霓虹燈，從戀愛到現代舞，正好與殖民地台灣的城市劃清界線。風車詩社的詩人都曾經在帝國留學，也汲取了都會的帝國美學。所謂留學，並非只是在追求知識而已。在帝都生活中，他們也受到異國情調的濡染，從而北國的顏色、氣味、溫度，在無形中也注入他們的血液。在那繁華的都市裡，殖民地心靈簡直毫不設防。讓這些南國知識分子，默默接受人格改造。縱然停留的時間何等短暫，他們內心所承受的文化震盪，恐怕無法以簡單的語言交代。

帝都東京是一隻巨大的蜘蛛。在那裡留學的殖民地知識分子，彷彿是飛蛾那般遭到捕捉，鄉土的本色，木訥的性格，在節奏迅速的都會生活裡，逐漸遭到消化。百貨店的燈光，音樂會的聲調，十字路口的人影，使他們的內心不再寧靜，他們必須做開胸懷，讓新感覺、新語言新節奏逐漸改造原有的生命。當他們離開帝都返鄉時，其實是帶著全新的靈魂回到台灣。

殖民地知識分子都有各自不同的回家方式，有些人受到左翼思想的衝擊，最後投入了殖民地的反抗運動，如小說家楊逵，鹽分地帶詩人吳新榮。有些人則受到前衛藝術的影響，使自我靈魂更具敏銳而纖細的感覺，終於把細微的藝術帶回家鄉。新感覺派小說家劉吶鷗，便是在上海租界地開啟新的天地。而小說家翁鬧，則心甘情願駐留在東京的浪人街，最後窮困病逝。風車詩社的創作者，選擇回到故鄉台南，也把帝都的異國情調一併帶回。如果沒有經過帝國美學的洗禮，如果沒有深刻體會都會生活的速度，如果沒有閱讀日本現代運動的作品，楊熾昌、林修二、李張瑞就不可能建立他們的詩風。《日曜日式散步者》所呈現出來的光與影，無論是色調、節奏、氛圍，不能不使觀賞者也陷入那喧囂吵雜的都會空間。

影片中出現的人影、高樓、火車、汽車，甚至是商品招牌、摩登女郎的意象，相當準確呈現了帝國都會的繁華與憂鬱。許多重複的節奏感，也彰顯了現代都會的無聊、孤獨、寂寥。都市景象是那樣熱鬧，卻掩飾不住內心的空洞與單調。而那種疏離感，或是孤島那樣的人格，正是前衛藝術所嘗試要去表現出來的。在錯綜複雜的幢幢人影間，內心孤獨的感受反而特別鮮明。如今回頭捧讀風車詩社的作品，看來是那樣唯美，那樣憂愁，又那樣乾淨。那是經過多少心靈的洗刷與提煉，才能獲得那樣精緻的詩句。殖民地台灣沒有風車，那純粹是帝國的舶來品，卻暗藏了過於豐富的異國情調。

一九三〇年代的前衛詩人，帶著後現代與後殖民的讀者回到前衛的都市。我們幾乎可以想像，這群詩人浮沉於大都會的亂流中，也許曾經失去了文化方位，但是他們終於沒有沉沒。他們帶著飄搖的心靈，泅泳回到故鄉，也帶回陌生異質的現代感，回到亞熱帶的鄉土懷抱，為文學史的流變，創造了一幅全新的圖像，證明殖民地的知識分子，無懼於時代的阻撓，勇敢向前衛藝術飛奔而去。《日曜日式散步者》為我們做了最好的見證，影片中的最後一幕，是戰後李張瑞無可遁逃的命運，慘死在白色恐怖的冷酷判決中。無論他們所追求的藝術有多現代、有多前衛，卻無法遁逃台灣人的歷史宿命。最前衛的詩人，卻遭到前近代威權體制的凌虐，彷彿那是全世界殖民地的共同命運。台灣掙脫了殖民地統治，卻又迎接了另一個再殖民的統治，那是《日曜日式散步者》的悲涼詮釋，也是殖民地前衛運動的悲劇終結。

賞析

以法文「Le Moulin」（風車）為名《風車》，是台灣文學史上短暫又爛爛的一頁。一九三三至一九三四年之間，總共發行四輯刊物，隨即停刊。一般認為楊熾昌（水蔭萍）、林修二、李張瑞等人在《風車》上發表的作品，是台灣超現實主義的先驅。然而，亦有人戲稱他們為「薔薇詩人」，指責他們的作品「只能予人以一種詞藻的堆砌，幻想美學的裝潢而已。」在〈風車詩社的文化暗示〉一文中，陳芳明給予的評價則是：「風車詩社的重要詩人楊熾昌、林修二、李張瑞，走在殖民地社會的最前端。」風車詩人進行大膽的文字實驗，展現了高度的藝術關切，這樣的風格取向顯然也與當時的社會情狀有關。

〈風車詩社的文化暗示〉一方面評價風車詩社，一方面對《日曜日式散步者》這部紀錄片進行詮釋。黃亞歷《日曜日式散步者》的拍攝，以風車詩社為對象，記錄已然消逝的歷史場景，再現已然成為過去的文學活動。導演用影像拼湊起那個時代的心靈圖像，反映殖民地的前衛藝術運動。陳芳明說這部影片的內容：「許多重複的節奏感，也彰顯了現代都會的無聊、孤獨、寂寥。都市景象是那樣熱鬧，卻掩飾不住內心的空洞與單調。而那種疏離感，或是孤島那樣的人格，正是前衛藝術所嘗試要去表現出來的。」文化的暗示在此，話語權力的暗示也在此。

（凌性傑）

量子力學與文學
——薛丁格的貓穿越了嗎？

蕭秀琴

九十五年前愛因斯坦在東京的旅館裡給了不收他的小費的快遞兩張紙條，其中一張寫著：「只要你想，就有辦法！」這位發現光電效應的物理學家因為奠定量子物理學的基礎，得到一九二一年的諾貝爾物理學獎。

現在我們終於享受了量子物理學發展帶來的科技進展成果。

雖然人類還沒有發展出實質意義上的量子電腦，但在心理學的理論應用上卻提出「潛意識」的學說，甚至為一般人普遍使用（所以有學界笑稱心理學為廿世紀三大偽科學之一），例如有則新聞這麼寫，「有一名乘客向台北市民熱線一九九九投訴，他在十二月六日下午搭乘捷運新蘆線時，在捷運頭前庄站，竟遭列車司機用潛意識攻擊，造成他身體不適，結果台北捷運公司竟還啟動調查，此舉遭北捷基層同仁抗議，認為這種荒謬投訴，公司竟還受理進行調查……」

潛意識用來說明量子力學也合用，這個學說最知名的是在薛丁格的貓實驗，假設把一隻貓和有放射性物質相連的釋放裝置一起放進一個盒子裡，在一段時間內，放射性物質有可能衰變，釋放毒氣殺死貓，也有可能不會發生衰變，貓會一直活著，兩者的機率都是五十%。根據量子疊加原理，只要還沒有被測量，量子的位置、速度和其他任何特徵都可能同時處在各種不同的狀態。因此，薛丁格推定，在打開盒子前，未被觀測到的貓就可以既是活的又是死的。

直到一九五七年，物理學家休．艾弗雷特三世提出了量子「多世界詮釋」理論，進一步回答了這個問題：在盒子打開後，世界分裂成了兩個版本，在其中一個世界裡貓還活著，另一個世界裡貓已經死了，它們相互獨立地存在於平行世界中，並各自繼續演變下去。

戲劇是日本發展最成熟的產業之一，尤其是連續劇總是能夠立即地反映社會面貌與思潮，這兩、三年來經常以ＡＩ機器人為角色的陪襯物件，更別說行之有年的戰國時代英雄穿越到現代，或現代人穿越回古代見證歷史事件，最常被重新詮釋的角色戰國大名織田信長，如《信長的主廚》、《信長協奏曲》，及最新秋季日劇《老爸是信長》（父、ノブナガ）更是結合了ＡＩ機器人與穿越，廿一世紀的信長故鄉岐埠市一位建設公司的上班族負責市中心的都市更新案，在大型商場開發與維持建城四百五十年風物人情之間掙扎，在一次於長良川與合作廠商餐敘時喝醉酒掉進河底，拿到信長失蹤的印信被附身，每次遇到開發計畫受挫時，信長就會附身幫忙想辦法、提供思考方向，讓平常看起來平庸懦弱的上班族變得強大。

用量子力學來詮釋，就是織田信長可同時活在不同時空，信長對他自己建造的岐阜城的開發有很大的意見，想要插手城市未來發展，利用億兆個電子傳輸信長的靈魂到當代人身上，完成自己的意志。

另一部知名的電影創作，至今電影史上最高票房紀錄的《阿凡達》則利用量子傳輸機將男主角的靈魂傳到潘朵拉星球上的阿凡達身上，使肢體癱瘓的男主角得以自由行動，並利用該星球的科技進展，將男主角永遠留在潘朵拉星球上。

這個概念運用得最多的故事創作是中國網路文學，穿越與重生的愛情小說，最知名的主題是公元一七〇〇年前後清朝康熙「九龍奪嫡」的故事，例如，言情小說作家桐華的《步步驚心》，不但小說暢銷，拍成連續劇也紅遍華語世界，也是利用一位北京的上班族跟男友吵架，衝出辦公大樓時遇到道路施工工程的交通事故，被電線絆倒觸電穿越到一七〇〇年左右的紫禁城，成了康熙的泡茶宮女，見證了九龍奪嫡，並完成他在廿一世紀不能完成的愛情故事。

在網路小說裡，這樣的主題發展成重生與穿越的類型，通常設定有兩種，穿越到古代或現代的他者身上，重生回到自身的命運轉折點或者重生到他人的人生交叉點，但因以愛情婚姻為主題，還是以言情小說的公式小說為故事主軸。

然而將量子力學理論基礎運用得最好的小說家還是以有科學背景知識，或是物理學家轉行當作家，把故事創作當作人生重心的小說家。這個領域最知名的要算是阿根廷作家艾內士多．薩巴多（Ernesto Sabato），是一位物理學博士又是畫家，他的第一本小說、一九四八年出版的《隧道》（*El Túnel*）一出手就不凡，曾經獲得一九八四年西班牙塞萬提斯獎，成為拉美文學魔幻寫實的典型研究文本。

薩巴多生於布宜諾斯艾利斯的一個小村落，一九三七年獲物理學博士學位，一九四三年辭去教職，全心投入文學，潛心寫作一九四五年第一本散文集《一個人和宇宙》（*Uno yel universo*）得到布宜諾斯艾利斯市政府獎第一名，作品在拉丁語系廣泛被閱讀，幾乎主要語言都有譯本。

這本書描述一位住在隧道有幻想症的畫家璜．巴布洛．哥斯岱爾，因把女友瑪麗亞凌虐致死，故事遂從他在監獄的自白破題，極盡詳細的回憶他和情人瑪麗亞邂逅、交往，最後將之殺害的經過。其中有他對人性的懷疑和失望、對絕對和純粹的追求，及他所飽受的孤獨的折磨。薩巴多在作品裡，藉著布宜諾斯艾利斯真實的社會環境、人文風土習氣，來揭露人的矛盾和有限性，及討論人類的命運，但是他把這些現象和問題，藉著隱喻和象徵技巧來呈現，《隧道》一書創作核心就此展開。

這本被廣泛討論、引用的小說，被另一位科普作家兼物理學家保羅．哈本（Paul

Halpern）當作文本，與另一位女作家維多利亞・卡本特（Victoria Carpenter）寫成《量子力學與文學》，兩位以文本中不同的時間線的性質，以小說中的三個關鍵事件：觀看主角的聖母畫中的場景、海灘遊覽和一封信，探索這些事件中的模糊隱晦之處和他們之間的聯繫，並以量子物理學的理論鋪陳出來。

若將量子力學作為隱喻與指涉，呈現了這些關鍵事件的時序差異和解釋，如何被模擬在所有敘事不同的時間軸中，所以你會看到「哥本哈根詮釋」、「M理論」、「薛丁格」這些量子物理學名詞出現在這本書中，呈現了與文學不同的敘述，也讓我們看到薩巴多對物理學家和波赫士的創作，有什麼影響。

是了，這些哲學、文學作家，就像德國哲學大師呂迪格・薩弗蘭斯基（Rüdiger Safranski）的二〇一六年暢銷書《時間：時間對我們做了什麼，我們又用時間創造出了什麼？》，用各種角度探究時間是什麼？

他在這本書的前言就用：

正如霍夫曼斯塔（Hoffmannsthal）的《薔薇騎士》（*Rosenkavalier*）裡的馬夏琳所說的：

時間是個很奇怪的東西。

當人平平淡淡過日子，時間什麼也不是。

然而，突然間，人除了時間，什麼都感覺不到。

一切都是時間的關係，也都是量子物理學的關係。

賞析

科學常被認為是簡潔、精確、實證的，而文學則常被貼上複雜、幻想、虛構的標籤。當這兩個領域碰撞在一起時，會產生什麼樣的火花呢？

科學促進了科技的發展，實現了許多不可思議的幻想。原先人們認為不可能做到的事，科學使它達成了。物理學家楊振寧就曾以手機為例，說：「隨便一個人，拿出手機來就可以和美國的朋友通話，這比《封神榜》最奇怪的事情還要奇怪！」如此看來，科學似乎也鼓勵了幻想，使不可能變得有可能。

蕭秀琴在〈量子力學與文學〉提到幾個例子：《阿凡達》裡的靈魂傳輸，《老爸是信長》、《步步驚心》裡的時空穿越。這些看似不可能的幻想，有沒有可能在量子力學的發展下，變成可能呢？而量子力學本身的深奧、顛覆、不確定性，使這個問題變得更難解也更有趣。

量子力學是對微觀世界的探索與描述。光子、電子、原子和其他粒子的本質是什麼？呈現什麼狀態？運動時遵守什麼定律？都是量子力學探討的對象。但這個微觀世界裡的一切，與我們所直覺到的現實，卻有著巨大的差異。

量子的疊加原理，代表一個系統可以處在兩個以上的狀態，就像薛丁格的貓，可以既是活的，又是死的。這造成了邏輯上的矛盾與模糊，也與我們直觀感知的物質世界不同。海森堡的測不準原理，則顯示微觀世界具有不確定和模糊性，即便你能完整的觀測它、感知它，它也仍然是模糊而不確定的。這麼一來，便打破了科學給人的「精確」印象。在融入文學之後，幻想與真實的灰色地帶就變得更廣闊、更耐人尋味。

將科學引進文學裡，並不只是為幻想提供可能的解釋而已。結合文學的象徵與隱喻，量子力學也帶來了許多觸發。例如量子力學中的「多世界詮釋」，使得「平行世界」的觀念不斷發展、延伸，最終脫離了原本的科學定義，在文學作品裡接枝茁壯，長成了另一種面貌。艾內士多·薩巴多更進一步將之融入小說的架構與技法中，寫作了《隧道》。

納博科夫（Vladimir Nabokov）曾說：「科學離不開幻想，藝術離不開真實。」科學融入文學裡，有時帶來的不是片面的簡潔、精確與實證，而是使簡與繁相互交織，精確與模糊彼此滲透，實證與虛構拼貼疊合；真實中有幻想，幻想中有真實。但無論如何，都使文學的面貌變得更豐富、更繽紛。

（林皇德）

生活在不確定的時代裡

王浩威

這一切原本是十分讓人祝福的人生，可是，慢慢地，一切開始走樣，像一首走調的弦樂協奏曲，漸漸找不到它原來應該有的主旋律。

今天一早十一點，安排了許久沒見的老個案。就像當年一樣，杰森還是十分容易焦躁不安，一開口就結結巴巴的。不同的是，現在的他不再為自己的焦躁而緊張了。他知道，自己就是不擅長講話，知道自己會結巴，知道自己容易在社交場合焦慮；他知道這就是他。

然而，現在結巴跟當年第一次心理治療時所不同的是，他知道每個人都不同，各有所長，也各有所短。而他就是這模樣，不必去管別人如何看他，不用去在乎這一切。他知道每個人都不可能是完美的；他也知道，每個人也都跟他一樣，有自己引以為傲的特長。

當年因為社交焦慮來求助的杰森，這次的臨時約診，是因為自己的職涯遇上一次不容易決定的抉擇，不知是否該轉換跑道，才又回來找我諮詢的。

汰換的速度比學習還快的專業

杰森智商高、學習勤快，只是向來靦腆。升大學時，沒多想，就隨大家挑選了當時最熱門的科系。待大學畢業，成績不錯，也就跟隨同學依當時行業的熱門程度，挑了相關碩士課程。於是，畢業拿到碩士，他很自然地就加入了某家知名公司，是當時股市最搶手的幾家之一。

沒想到幾年過去了，當年的股王變水餃股；當年炙手可熱的公司，也就變成了經常因資遣員工而上報的公司。

這些年來，臺灣高科技產業洗牌之迅速，超乎人們的想像。當年高科技產業出現時，傳統產業被半諷刺地形容為「夕陽產業」。沒想到，那些來勢洶洶的高科技產業，黃金壽命根本不到二、三十年。夕陽還沒掉下山，新的朝日卻比流星更迅速就要不見了。

這樣的現象是過去所未見的。

一個行業的消失，通常是經歷了人類社會的重大變遷才發生的。而且，這重大變遷之所以發生，不是要歷經社會變遷的緩慢過程，就是社會發生十分激烈的破壞。

關於行業緩慢變遷的典型例子，在農業社會轉變到工業社會時經常可見。當年，許多行業隨著社會變遷消失了，包括養公豬做精種的牽豬哥人、泅水採珠或逐浪採海帶的海女、牧牛的小孩等等，這都成了懷舊的題材，出現在黃春明或其他鄉土小說家或畫家的筆下。

至於激烈消失的，大多是因為戰爭或嚴重饑荒等災難，或是生產工具的革命帶來結構性的改變。很多民俗曲藝，因為該行人數有限，很可能因災難而一起消失，更可能是失去了懂得欣賞的原來群眾。同樣地，建築材料裡磁磚的發明，造成磨石子功夫沒人繼承而失傳；而瓦斯取代煤炭後，做煤球的技術也沒人知道了。

社會學者似乎還來不及討論這些現象，心理學有關生涯規畫的這領域也還沒發展適當的策略，倒是第一線的臨床工作者，透過診療室裡個案敘說的血淋淋人生，反而最早親身遇見而被逼得不得不思考了。

生命中「關鍵的十年」

這一次見面，杰森已經三十二歲了。

他當年二十七歲入行，典型的讀書人生涯：四年大學、三年碩士，再加上一年到兩年的服役。前年在跨入三十歲前一刻結了婚，典型的「三十拉警報」（Age Thirty Deadline）。

這原本是十分讓人祝福的人生，可是，慢慢地，一切開始走樣，像一首走調的弦樂協奏曲，漸漸找不到它原來應該有的主旋律。

他結婚，很快地有了一個小孩，因為太太希望小孩的成長能夠貼近大自然，因此在工作的城市買了一間獨棟住屋。沒想到，隨著行業的變遷，過去可以高達二、三十個月的年終獎金，現在只剩下六個月，而今年將更少；過去十分滋補的股票選擇權，如今也因股價大跌而大為遜色。他開始擔心未來房屋的分期付款、預期安排小孩就讀學校的昂貴學費，還有未來的許多支出。

在會談室裡，我們討論了換公司或轉專業的可能性。可是A選擇的收入只有目前的一半，B選擇的入門門檻還要加把勁。我們也討論了去中國或去美國的可能，但總是有原因阻撓而不可能前進。

會談的時間快到了，問題還是懸宕著。我抬起頭來看看杰森。天呀，三十二歲了！望著這張熟悉的臉龐，其實還看得出當年認識他時，那股高中生的青澀模樣呢。他的生命週期卻已經從離家獨立進入成家累積了。

發展心理學者將一個人的生命，分成不同的階段，像是一個過程。

這樣的生命週期，有很多不同的解讀，也因此可以帶給我們很多不同的感受。

人們的青少年期愈來愈長，而獨立成人變得愈遙遠，社會學者亞奈特（Jeffrey Arnett）在二〇〇〇年提出「成年湧現期」(emerging adulthood）這一新階段。他認為，基於現代社會對個人的能力要求愈來愈高，進入社會的條件也就愈來愈嚴苛。

前文提到，最近看到一本書《世代，你的人生是不是卡住了》原文書名意為「決勝的二十來歲」，卻對這樣的說法提出完全不同的主張。作者梅格·潔伊是一位精神分析取向的心理治療師，目前在美國維吉尼亞州執業。她認為二十到三十歲這十年，是「關鍵的十年」，三十歲以後的生命則依循這十年的足跡，並沒有太多的改變。更重要的是，她認為遲遲成熟的生命，反而造成日後在追求自己生命的完成時，會出現時間不夠的情形：在生理上，衰老和不孕將剝奪退休的追求和為人父母的樂趣；在心理上，將結婚、定居、賺錢、購屋、育兒……都擠壓在三十到五十歲，是極其不可思議的壓力。

同樣的現象，卻有全然不同的看法。

社會學者亞奈特從年幼這一端，望向成年，望向老年；而心理治療師潔伊則是從耳順之年，回過頭來檢視，我們要如何度過年輕歲月才會有美好的一生。

的確，在我自己的經驗裡，也看過潔伊說的情形。

燕南是我一位乍看十分年輕的四十五歲個案。在他決定結束向來被周遭親友視為花花公子行徑的戀愛生涯，下定決心與現任女友結婚時，心裡最恐慌的是小孩子的成長。

燕南說：「當孩子十二歲可以打籃球時，我已經五十七歲了。當年我爸爸三十歲生我，在離婚以前一直都陪我做各種運動。他帶兒子是如此身手矯健，而我，到時候會不會顯得老態龍鍾？」

身分認同資本可以買到職位或感情生活？

娟娟是我從小看到大的個案，現在都快三十歲了。

這並不是說娟娟從國中二年級就一直找我做心理治療。她是每隔幾年，有了一些重大的決定或難解的議題時，就會重新開案，談個兩、三次。

因為是從小看到大，不知覺地，我自己的反向移情也就來得特別容易。

一年多以前，在她面對自己茫茫未來的生涯時，又一次陷到最谷底。我熟知她的困擾，也熟知她的天賦，忍不住就介紹她到我朋友的公司，一個頗有前途也很適合她的行業。

沒想到，做不到一個月她就很為難地表示要辭職了。我幾乎要抓狂了。但還好之前我的督導才和我談起我對她的反向移情（指介紹工作給她一事），才讓我抓緊了自己滿滿的情緒，可以平靜地告訴她說：「沒關係，覺得人生不值得如此操累也是一種選擇。人生，正如妳說的，不一定每一個人都要出人頭地。」她又回到原來抱怨的無聊工作，只是不再抱怨而已。

不巧的是，到了年底，公司老闆決定結束企業裡這個不賺錢的小公司。她又一次，心情盪到谷底：「沒想到，要過一個平凡的生活，都那麼不容易。」

潔伊，這位美國治療師的年齡看起來應該很年輕，但她倒是引用了不少五〇年代美國精神分析盛行的理論，特別是新佛洛伊德學派的她採用了加拿大西安大略大學社會學教授科帖（James E. Cote）對艾瑞克森（E. Erikson）自我認同理論的延伸，而提出來的自我認同資本

（identity capital）理論。對艾瑞克森而言，從青少年到青年的階段，是自我認同的形成（identity formation）。科帖則進一步提出自我認同資本的說法，認為我們隨著年齡所累積的個人技能資源，將是進入成年人世界／學校外的社會的最重要裝備。按潔伊的說法：「身分認同資本像貨幣一樣，我們可以用它買到職位、感情生活等想要的東西。」

所以，對潔伊來說，青少年或青年階段的發展，最重要的不是自我認同是否形成，最重要的是自我認同形成過程中所累積的資本。

杰森雖然好不容易克服社會焦慮而進入某大公司；可是，因為自我認同資本的不足，雖然有相當的工作資歷了，應付起時代變遷還是十分吃力。

至於娟娟，更不用說了。她的自我認同資本就是不足以面對眼前社會，只好躲在邊緣的縫隙裡。原本盼望從此靜悄悄地平安一生，這樣謙卑的夢，卻還是被浪打散了。

賞析

或許你能輕易的感受到，這個世界變化的速度越來越快。科技平臺不到十年就會翻新一次，物質、技術、產業型態、社會樣貌、地球環境……都在急速改變。有人說，這叫做「大加速時代」，而王浩威則稱之為「十倍速時代」。十倍速時代裡，曾經走在時代尖端的科技，可能不出十年就變得落後；曾經火紅的產業，可能不到二十年便走向沒落。問題是，當地球加速轉動的時候，人類的適應力能否跟得上？

〈生活在不確定的時代裡〉提到了二則實例：智商高、學習勤快的杰森，一路上都跟著潮流時勢做選擇，大學、碩士讀了最熱門的科系，畢業後進入熱門企業。然而在大加速時代裡，曾經的熱門一下子就變得冷門。杰森薪水大減，而房貸、小孩教養等生活支出卻沒減少。另一個實例娟娟，好不容易找到了工作，但不到一年公司就關門了。

這兩則實例，正反映十倍速時代裡人們的處境。隨著社會變遷，產業和工作型態也會改變，許多行業會消失，許多技能不再有用，許多知識會過時，而文學作品裡常反映這一切。只是在大加速時代裡，這一切也發生得越來越快，讓人措手不及。知識與經驗的有效期限越來越短，一個人曾經花費漫長時間所學會的一切，轉瞬間就沒用了，這不免讓人彷徨焦慮，讓人更加感到不確定。

對此，王浩威提出美國臨床心理學家梅格．潔伊（Meg Jay）的觀點來因應。她認為，二十歲至三十歲就是一個人一生中的黃金期，若是在此時缺乏目標與願景，輕易虛度，以後可能必須付出慘痛的代價。

潔伊建議年輕人要多多累積「身分統合資本」。「身分統合資本」是指「隨著年齡增長而累積的個人技能資源」，是「成年人進入職場的必要裝備」，它們就像貨幣，我們可用以買到職位、感情生活等想要的東西。簡單說，累積身分統合資本是指了解自己，投資自己，增加自我的認同與價值，讓自己更有自信、能力達成理想。

若是以潔伊的觀點來看魯迅筆下的孔乙己，他就是一個嚴重缺乏自我統合資本的人，因此，對於自己渴求的身分、地位和尊嚴，幾乎無能為力。儘管很貧窮，他卻頻繁的把身上僅有的錢拿去咸亨酒店買酒喝。或許，他也是一個看不見未來的人，只好將一切寄託於眼前些微的享受與慰藉。然而這麼做終究無法改變什麼。

海越寬，浪越大，就越需要舵手、水手等許許多多幹練的船員。處在不確定的時代，就越需要好好認識自己，累積身分統合資本。沒有路的時代，還是能靠自己的意志和決心走出一條路。

（林皇德）

天下有白吃的午餐嗎？

吳媛媛

我先生說在他記憶中有印象的第一個瑞典大選，是在一九八五年，那時他剛滿七歲。他看到電視上有兩個最大的陣營，一個是偏紅色，叫做社會民主黨，一個是偏藍的，叫做溫和黨。他問他爸爸這兩個陣營有什麼不一樣？

他爸爸說，紅色的那一邊，他們希望所有人都過不錯的生活。不管有沒有努力、有沒有資質，都不會有人窮到不能生活。藍色的那一邊，他們希望好生活是一種獎勵，必須要努力爭取才能得到，這樣大家就會越來越努力。我不贊成藍色的那一邊，我覺得這樣只會讓那些有好生活的人過得越來越好，讓生活不好的人過得越來越差。我先生又問，所以你支持社會民主黨？他爸爸指著另一個更深紅色的小黨說，我支持的是這個，左派黨。他們的方向和社民黨一樣，但是覺得社民黨做得還不夠好，不夠多。

我另一個瑞典朋友說，他還沒上小學的時候，有天問他媽媽什麼是社會主義。他媽媽不假思索地就回答他，社會主義就是我們辛苦努力得來的成果，都被那些懶惰的人拿去享受。

從遠處觀望一個國家和社會的時候，為了求便利我們常常需要去簡化、一體化那個社會裡所有的人，然而如果把鏡頭不斷拉近，就會看到截然不同的一個個個體，在民主越發達的社會，越是如此。

在北歐國家內，雖然多數輿論是偏向支持健全的社會福利，但是每一個人對於要保留多少自由市場的競爭底調，又要允許多少政府的力量提供社會福利去抗衡自由市場的不公平，都抱持著非常不同的理解和信仰。人們在評論一個議題，或是報章雜誌在進行分析報導的時候，通常也會在一開始就提出一個清楚的定位，讓參與討論的人可以大致掌握這些論點的出發點。

本書（註）行文至此，我想讀者都已經看出我的立場是傾向分享和平等的。而秉持這種立場的人最常面對的質疑，大概就是「天下沒有白吃的午餐」這句話了吧。在回應這個質疑之前，我想先分享一個朋友的故事。

我先生有兩個青梅竹馬的死黨，一個叫做約翰，一個叫培爾，他們從幼稚園到現在都是最好的朋友。我先生和培爾都來自中產家庭，約翰則是來自藍領家庭，他們的人生在小學以後開始出現分歧。約翰的媽媽在他和弟弟小學的時候過世了，他們的爸爸有一些酒精依賴和情緒不穩的問題，但也多少盡了把孩子帶大的義務，在約翰和弟弟差不多成年的時候，也突然辭世。

約翰和兩個死黨一直到國中階段在校表現都不相上下，進入高中以後，無意升學的約翰每一科都只求維持在及格邊緣，只有歷史科是例外，因為這三個男孩從小就沉迷於戰爭歷史，對兩次世界大戰的重要歐洲戰事都了若指掌，一直到現在他們每年都會開著車到歐洲各個戰場去參觀旅遊。

無意升學在瑞典並不是件壞事，對升學沒興趣，還有很多其他的選擇。約翰他高中畢業以後就開始在木材加工工廠工作，二十歲出頭的時候和女友結婚，在鄉村買了一棟小房子生活。過了幾年，約翰開始常常請病假，婚姻也出了問題。後來他被診斷出憂鬱症，他和工廠請了長期病假，和妻子離婚，搬到鎮裡的一間小公寓和弟弟同住。

我認識約翰這個人的時候，他已經請了長達兩年的長期病假，靠著剛好足夠生活的病假津貼維持生活，每天都坐在電腦前面玩電腦遊戲。那時我先生和培爾都剛剛碩士畢業開始工作。他們三人的感情還是很好，常常互相探訪。我只去過約翰的公寓一次，被他髒亂失序的生活嚇得拒絕再踏進那間公寓一步。他的健康狀況也每況愈下，弱視惡化到近乎全瞎，瑞典的醫療保險以接近免費的價格提供他昂貴的矯正鏡片。從小就是田徑健將的他，這時已經胖到讓我先生和培爾都快認不出來。拖著一百六十多公斤的身軀，他只要走幾步路就喘得像頭牛，我完全不相信他曾經是全年級跑得最快的孩子。

我那時很不喜歡約翰，我不喜歡自己的男友和這樣的朋友來往，覺得這是「壞影響」。我也不喜歡瑞典的長期病假制度，讓一個完全可以繼續工作的人待在家混吃等死，不去工作也就罷了，竟然還能用納稅人的錢進行心理諮商和視力矯正，這不是米蟲是什麼？

我這麼跟我先生說的時候，他總是說：「對啊，我也這麼覺得，約翰自己更是比誰都這麼覺得，所以這兩年來他好幾次都試圖振作，但是都失敗了。約翰他經歷了比較艱難的童年，但是他很少跟我們談起這些，在我們面前常常拿他的憂鬱症開玩笑，想表現出豁達的樣子，但是我們都知道憂鬱來襲的時候他的情況有多糟糕。何況他在請病假之前，也工作繳稅了好幾年，我相信他只是需要休息，等他準備好了，情況就會越來越好。」

後來如我先生說的，約翰就像許多陷入長期病假的瑞典人一樣，漸漸回到了生活的常軌。我現在回想，其實這個改變的階段很早就開始了，但他總是進兩步退三步，讓人感受不到有什麼改善。他一開始申請了大專資工課程，讀得不順利，一年後換到了社工系。大約在同時，他因為在網路上購買囤積非法的抗憂鬱藥物而被警局搜查，並且上法庭受審。瑞典的罰款是按收入累進計算的，越有錢的人罰款就越重。沒有收入也幾乎身無分文的約翰，付了一些象徵性的罰款，得到一年後不再犯即可清除的前科一條，就回家了。總之每次聽到他的近況，都讓我不禁苦笑地搖搖頭。

後來有一天，他突然傳簡訊給哥兒們說他排到了縮短腸道的減肥手術，這種手術原本價格高昂，瑞典政府以低價提供給重度病態性肥胖者。手術成功以後，他很注重飲食運動，體重漸漸減輕，也開始恢復了活力。

瑞典人在結婚前常會安排一整天的單身派對活動，在我先生的單身派對那天，他的朋友們合租了一個田徑場，安排一場田徑錦標賽。這個比賽的宗旨是先把我先生灌得爛醉，好看他出糗，但是其他參賽的朋友們都躍躍欲試，想利用這個難得的機會施展身手。

約翰那時已經恢復了堪稱正常的體態，但沒有以往那麼利落了，接連幾個競賽的成績都是墊底。然而就在他從小最拿手的跳高競賽，竟以黑馬之姿，拿到了第二名的成績。我先生說當約翰漂亮地躍過橫杆，落在軟墊上的時候，他彷彿看到約翰十七歲時在學校運動場上的英姿，和培爾兩個人不約而同地衝上前去和約翰擁抱歡呼。大概只有這幾個一起長大的男孩，能體會約翰當時的心境吧。

後來約翰的故事只能用急轉直上來形容。他在老家鎮上認識了一個也曾經歷過憂鬱的女醫生，兩人相知相惜，陷入熱戀，就在他們結婚之前，他完成了社工系的學業。現在他在社會局工作，和老婆住在一間可以看到海的美麗公寓裡。已經遊歷過所有歐洲戰場的三個死黨，現在正在計劃明年要一起去美國探訪南北戰爭的景點。

前幾天我的小侄子滿周歲，我婆婆苦思良久要送什麼禮物給什麼都不缺的孫子，後來她把一支家傳的小銀湯匙擦得晶亮，把它送給了愛孫。我婆婆說，他想讓孫子記得每一個在瑞典出生的孩子，都是含著銀湯匙出生的。

約翰這一路走來經歷了一個又一個的阻礙，也犯下許多錯誤，父母早逝、選錯職業科系、憂鬱、病痛、甚至犯罪，如果是在其他社會，遭遇這些絆腳石中的任何一兩個，就足以讓人舉步維艱，而瑞典社會不但幫他把這些絆腳石一個個移開，還耐心等他做好準備，再接再厲。約翰和其他國家的人比起來，在某種意義上，不也是個含著銀湯匙出生的孩子嗎？而瑞典讓約翰吃了那麼多白吃的午餐，最後得利的到底是誰呢？

我們都知道要讓驢子跑，有紅蘿蔔和鞭子兩種手段。對於那些不想跑、跑得慢的驢子，為什麼要給他們蘿蔔？應該用鞭子去鞭策他們才對吧？然而在社會上有千千萬萬個約翰，甚至處境更糟的人們，被命運發了一手爛牌，最後落入了無力改變現狀，只能被現實鞭策著往前走的窘境，而這個窘境，正是滋生多數社會問題，包括犯罪、自殺等等悲劇的溫床；他們的下一代、下下一代，也難免陷入同樣的命運。

「一分耕耘，一分收獲」，是許多人視為社會公義的真理，然而試圖用鞭子去激勵饑餓的人們，反而會為社會埋下不斷重複的悲劇。更別說有太多追求這種「社會公義」的人們，仰賴著優渥的環境和關係獲得許多優勢，在喊著「天下沒有白吃的午餐」時，嘴都還沒抹乾淨呢。

在瑞典有沒有吃福利政策豆腐的人呢？當然有。在報章雜誌上，在日常生活中，我們都能看到令人髮指的案例。有記者揭發一個申請了好幾年殘疾津貼的人，在臉書上貼滿了環遊世界的照片；有同事濫用育兒病假，小孩稍有不適就藉口不來上班。但是目前這些案例還是屬少數，而人們在生活周遭親眼目睹、深刻感受到的，往往是像約翰這樣的例子。曾經我用冷眼旁觀的角度，認為他是個國家米蟲、扶不起的阿斗，但是如果更貼近瞭解每一個人的故事，就不難理解為什麼這麼多瑞典人相信付出這些社會成本，將會帶來物超所值的正果。

北歐社會民主主義極端重視工作價值，在成年或是學業結束以後就要獨立謀生，是被視為天經地義的事。長期不事生產仰賴社會福利、甚至靠父母度日，都必須接受社會單位和周遭眼光的持續審視。在前一個章節中我也提到，瑞典的工時和其他國家比較起來非常低，因此人們常常想像瑞典是個安閒、步調很慢的社會。然而我目前看到的情況卻恰好相反，許多瑞典人兼顧工作、興趣和家庭，簡直一刻都閑不下來。我過幾天就要去參加一個朋友的博士畢業典禮，她這個生物博士學位讀了六年，但是在同時她也跟朋友合夥開了一間健身房，並且基於興趣在一家博物館當導覽，我真的無法想像她是怎麼辦到的。

在這種高度重視勞動的基調下，瑞典多數人也相信那些不想走、走得慢的驢子，其實多是人生中的傷兵殘將，他們只需要喘口氣調整好腳步，就能再度跟上大家的步伐。每個人把自己賺來的蘿蔔分享給他們，從長遠的眼光來看，不但能避免和根除社會問題，也能確保不再有人落入被鞭子奴役的處境。

當我知道在瑞典沒有法定最低薪資的時候，感到很訝異。為什麼在這個沒有法律規定最低薪資的國家，基本薪資能維持得這麼高呢？後來我才知道原來提供每個人都足以存活的社會保險，能平衡勞動市場上供需，也是維持基本薪資的一種手段。

前一陣子一家清潔公司的老闆和一家偏右媒體爆料說，他面試了十幾個失業的瑞典青年，結果沒有一個人願意接受這份工作。他提供工作機會給失業的人，卻沒人領情，讓他氣憤不已，這個報導引起了非常大的迴響。後來另一個偏左媒體去深入瞭解，才發現這家公司提供的薪水極低、工作條件也非常差，因此評論說，如果這位老闆提供的服務無法在市場上構成足夠的需求，吸引人們以合理的價格購買，導致他無法提供職員最起碼的工作條件，那麼這只代表了一件事——也許這個服務，還有這間公司，並沒有存在的必要。換句話說，瑞典不需要這間公司，這位老闆不如收一收別做了吧！

我從小看著自己的母親為了養家糊口，只能咬緊牙關接受極差的工作條件，甚至必須身兼數職，雖然有許多無奈和感歎，卻也從未去質疑過。看到瑞典轉過身去質疑和審視產業和市場，對「失業」這件事做出了完全不一樣的詮釋，可以想見瑞典的這種思考回路，給我帶來多大的震撼。

很多外國朋友到臺灣旅遊，都讚歎臺灣的服務又便宜又周到。也有很多臺灣人到歐洲旅遊時十分不滿歐洲店面營業時間太短、服務太貴。其實臺灣民眾追求的便宜和方便，也正是臺灣老闆在我們身上追求的便宜和方便，如果持續合理化這樣的風氣，眼前省下的錢和享受到的方便，換個時空場合，都是要加倍奉還的。

薪資保障、疾病和失業補助，這些在許多的人眼裡看來都是「白吃的午餐」，是不勞而獲，是懶惰、草莓的象徵。於是我們用鞭子去鞭策，鞭策到人們抱著身心疾病工作，乃至拖垮身心成為家人拖累，甚至釀成社會悲劇。鞭策到整體薪資停止提升，工作條件越來越差。如果讓少數需要的人享用一陣子的保障津貼，可以改善以上的情形，白吃的午餐，真的有那麼糟糕嗎？

註：指本文出處《幸福是我們的義務：瑞典人的日常思考教我的事》一書。

賞析

在瑞典生活的吳媛媛，寫下一系列瑞典的生活觀察，那幾乎是以文化人類學的角度去探勘瑞典生活面貌之大全。吳媛媛書寫瑞典的時候，台灣意識同時潛藏其中。她曾說：「我每次在瑞典遇到任何事，總是以身為台灣人的角度去體會，所以受到這些衝擊馬上就會想跟台灣人分享。我永遠沒辦法跳脫我是台灣人的角色。」「我非常想讓更多台灣人了解，我們很陌生的『偏左意識』落實在日常生活中是什麼樣的狀態？這真的必須在當地親身經歷後才能深刻體會。」

〈天下有白吃的午餐嗎？〉這篇文章探討社會福利措施，最核心的質問是：在瑞典有沒有吃福利政策豆腐的人呢？吳媛媛說，當然有。文中以約翰的生活狀態為例，談論一個國家對於人民的照顧。約翰請了兩年的長期病假，靠著病假津貼度日，然而每天只是玩著電腦遊戲。約翰的健康狀況每況愈下，瑞典的醫療保險的援助卻近乎免費。吳媛媛坦承，一開始不喜歡瑞典的長期病假制度，提供一個人在家混吃等死的權利。她尖銳地批判：「這不是米蟲是什麼？」

思索「白吃的午餐」這件事，吳媛媛最後察覺：「於是我們用鞭子去鞭策，鞭策到人們拖著身心疾病工作，乃至拖垮身心成為家人拖累，甚至釀成社會悲劇。鞭策到整體薪資停止提升，工作條件越來越差。如果讓少數需要的人享用一陣子的保障津貼，可以改善以上的情形，白吃的午餐，真的有那麼糟糕嗎？」也許正因為政策適時提供可以白吃的午餐，每一個遭遇困境的人，才有機會憑藉這樣的支援尋求一片生天吧。

（凌性傑）

耶誕節的失敗者聯盟

顧玉玲

冬日的雲靄低沉，鉛灰色的天與地，漫無邊際。

一條又一條，河內週邊快速拓展聯外道路，隨著市區邊緣倍數擴大的新興都會商圈及住宅規劃區，輻射展延，支離破碎至不可思議的臨時便道。我與阿海在險象環生的車陣中，飛飆穿梭，屢屢以他擅長逆向至對方車道快速在對撞前超車的方式飛速前進——這類瘋狂機車行徑，來越南後屢見不鮮，我也很上道地沒有尖叫過。

阿海的安全帽下頦未扣上，帽帶斜吹在兩側耳旁；他沒帶口罩也不戴眼鏡，風塵僕僕中不時向我介紹沿途風光；他的上半身微傾向前，像專心數算路上的坑坑洞洞。果然，遇到泥土路上的超大窟窿時，阿海會預先示警，提醒後座的我與他同時起身、屁股離開劇烈震動的座椅，以免不適或震落。一直到抵達海陽之前，我們坐坐立立起碼有三十次以上。

車抵已然燈暖人聚的海陽天主教堂，阿海先轉頭探問我是否安好，再灌口水，把飛進嘴裡的細沙全吐掉。

約莫四個小時之前，我與鄧文海才初次見面。我們相約在東英車站見面，打算騎摩托車至海陽天主教堂和一群從台灣回到越南的工人聚會，共度二〇〇九年的耶誕夜。車站裡熙來攘往的人群中，我與阿海毫無誤差就直接指認對方，他確實是撲天風沙中不減清朗的模樣。放心接人了阿海才驚覺：「啊，忘了帶安全帽。」懊惱地皺皺鼻子，聳肩失笑，保持一逕的帥氣身姿。

他返鄉一年多，久未說中文，有的字彙捉不準，像是擔心言傳不周，每句話都會搭配相對的肢體輔助表意，表情豐富，動作瀟灑。

我指指自己頭上的黑色棒球帽，有心打混，猜想越南交警不講究。

「不行，路很遠，會被捉。警察要錢。」他轉身就要上車：「先帶你去我家吧。」

我問他回來多久，還想再去台灣嗎？他嘆氣失笑，舉起左手，我才看見他的手掌被切掉一半只餘姆指食指糾結疤痕。

如此，就不是意願的問題了。哪個雇主會越洋聘僱一個殘缺的勞動者呢？他根本沒得選。是職災吧？我扳著他的食指根部探看，幸而還很有力氣，緊握車把還行，無需改裝發動器，他的掌心被削去一半，邊緣膚色深暗粗糙，也許是腳底移植來的……車站前人往人來，全倒退成為無聲的流動背景。阿海就坐在機車後座，自在伸出左手，任我細究傷疤，追問他的番外史遺痕。

到台灣工作七個月後，老舊的沖床機鬆脫，左掌搶救不及被壓扁了。他住院休養不到二個月就回廠工作，固定回診還要使用自己的病假。

這麼大的事，不敢跟家裡說，千山萬水的距離，所有真相都可以延遲再揭密，痛苦可以慢一點。又或者，他可以只要面對自己截肢的痛苦就好，不必，不必連家人的痛苦一起承擔，太重了，他那時才二十二歲，這痛苦太沉重。

就這樣拖著，有工作沒賠償，沖床機也重新整修了，嶄新的白鐵零件像不曾有過血腥，他的左掌傷口也結痂了，只是操作機檯時，隱隱還感到截去的三根手指頭痠痛不已。他常感到不存在的手指還伸得挺直，工作時怕被壓到，多所顧忌，效率往下掉。領班就說話了，有意無意暗示還留他工作是莫大同情，殘廢的移工多半就是遣返回國了，哪一個不是用壞就丟？

醫生說這是幻肢痛，不要想就好了。

他心裡嚥著一口氣，欲爆未爆。受傷九個月了，老闆像沒事一樣，沒有人和他提起賠償，仲介說有工作就繼續做，醫生叫他不要多想。但他失去的三根手指愈來愈痛，不讓他忘記被壓下的那一口怒氣與怨氣。直到同事好心提醒他職災的六個月刑事追訴期已過，他才到天主教「越南外勞配偶辦公室」（Vietnamese Migrant Workers and Brides Office, VMWBO）求助，說出自己被老闆欺負了，欺負他一個異鄉人不敢提出要求，欺負他傷口還沒好就回去工作。那老闆也不是壞人，這是工業區的小型機械廠，阿海剛來那一年春節期間，工廠還舉辦陽明山員工旅遊，台灣工人都很照顧他，手機裡還存著那些快樂的旅遊合照。但出事後怎麼，怎麼就這麼欺侮人！

幻肢痛過去了。真正痛的原來是無能行動的懊惱，忍氣吞聲像凌遲，像整個人都廢了。

暫住VMWBO的庇護中心，阿海正式向老闆提起勞資爭議調解，委託律師打官司，一年多後以三十萬元庭外和解。這當然是妥協的結果，但是他評估清楚，老闆的廠房和機器都抵押貸款了，纏訟下去對外地人不利，他不能總是耗在台灣，不如打折扣拿錢返鄉，重新開始。

鄧文海的家位於河內市區邊緣的東英縣，不算偏僻，但已進入農村，與城市裡的車水馬龍大異其趣。村子口懸掛紅布條貼著金紙裁的字樣，從九月國慶日一直掛到年底，還是喜氣洋洋。他父母世代務農，很辛苦，又賺不到什麼錢，兩個兒子都想離開農村，另謀出路。家中的木製傢俱上，都綴有銀亮的美麗殼花，精緻典雅。

「海。」阿海手指櫥櫃上的雕花，雙手搖擺波浪狀。

我看著貝色銀光，辨識紋路上的花鳥，說：「這是花，很漂亮。」

「大海，我的名字。」他還是指著雕花。

「……？」

又一次失敗的溝通。直到我轉身又見一浮雕，這裡那裡都是銀白殼光，總算大惑初解：

「啊，大海裡的貝殼！這是用貝殼雕的花！」

「是貝殼。很容易碎，很難雕。」阿海開心笑了：「我哥哥，很厲害的。」

原來大哥是貝雕師傅。這是越南特有的傳統技藝，脆弱的海貝，精美的花飾。但手工藝式微，終究不敵機器大量生產，拋光塑料可以做得像貝　一樣銀彩流淌，一模印一朵花，像沖床壓複，快速量產。哥哥失業了，二〇〇三年赴韓國打工，二年後阿海也離家飛往台灣。

這個家庭的兩個兒子都到海外，女兒嫁人了，只留老父老母種菜、種稻，守候一個家。之後，哥哥因被仲介欠薪而逃走，在韓國四處遷徙打工一年後被捕遣返；弟弟阿海則因職災截去左手掌，纏訟多時直至今年初才從台灣返家。

訴訟期間，阿海受洗成為天主教徒，至今也沒敢讓家人知道。

※

尖頂教堂和散落庭院的聖經故事石雕，造型全然西式，瘦骨嶙峋的白色高聳外牆，裝飾繁複的肋狀拱頂、扶拱垛，有數量齊整的重複美感。

位於都市邊緣的海陽大教堂，佔地極廣，庭園、宿舍、廚房、教室、祈禱廳……花木扶疏，盛開的聖誕紅一盆接一盆排列成愛心狀，繞著聖母懷抱聖子雕像。教堂廣場上，走路的、騎機車或腳踏車湧入的人潮，愈夜愈多，扶老攜幼趕赴耶誕夜的彌撒，及廣場前的跨年摸彩晚會。

外表灰白森冷的教堂，走進大廳卻是木製天花板拱出撐頂圓柱，木材縱橫垂直交錯搭建，猜想有實質上隔熱避寒的作用，又巧妙融合當地傳統建築特色，內外拼接自在。牆兩側多是長條柳葉窗，以木材取代彩色玻璃，少了繽紛多了溫暖，與天花板連成一氣。十字架祭壇前垂掛了兩幅巨型紅布，上有金紙裁成的慶祝字樣，穿著銀白天使裝的童男童女，各自手執不同禮物，在聖詩歌聲中成列獻上聖堂，十字架、花圈、餅乾禮盒、糖果……以及，呃，滿滿一捧已點燃的線香。

天主教祭壇上也放著香爐，燃盡的香柱會捲成半圓弧狀，像一朵朵灰色欲墜的花，也確實不斷抖落灰燼。耶誕夜，教堂裡既點燈祈禱、又拈香祭拜，外來宗教與在地文化融合無忌。

我們像個秘密地下會議，黑夜裡，人群中，很多人相互不認識，在耶誕夜從北越各地趕到海陽相聚。金燕是主要召集人，她到台灣工作逃跑後，因車禍被安置在VMWBO，前後待了三年，和很多人都認識。金燕行動力強，又有俠義心腸，返鄉一年多以來，她透過電話及網路，聯繫許多返越勞工互通訊息、急難求助，此次更擴召集大家共度耶誕節，凝聚共識，互助聯誼。

這個想頭不難，要落實下來可就遭逢越南公安的監聽、刁難，阿海和其他人都接過公安盤查的電話。

「我們只是想見面，一起吃吃火鍋一起過節也不行？公安打電話一直問，想嚇大家，但我們不能這樣就害怕！」金燕挺著六個月大的身孕走來走去，豪情萬丈。

「今天來了很多人啊，都不怕嗎？」我問。

「我們是出過國的人了，」金燕睜圓了黑亮的大眼睛，免不了幾分得意：「不會這樣被嚇到。」

「有人不敢來，怕家裡的人緊張。」阿海淡淡地說，不夾帶評價。

「嗯，還是小心一點，不要太高調……」我在腦海中搜索著之前來越南的經驗，入駐農村總有公安上門訊問，交流開會的工會也多是官方掌控，顯見政府控制系統很強。或相反，正因為其實沒那麼強，總有百密一疏，民間串連力量活潑有力，所以執政者更緊張。

緊張就容易引發不講道理的打壓，一點星星之火也要悶熄不給呼吸。

原本金燕想在河內聚會，但地方公安百般刁難，後來因為她曾協助一名海陽教堂的教友討回不當超收的仲介費用，才獲得神父慷慨出借場地，把後花園一間會所空給大家聚餐，並提供廚房及宿舍。我與金燕在台灣原是舊識，有協同抗爭的情誼，二〇〇九年冬天我請長假至河內調查移工仲介制度，適逢返越移工的聚會成真，金燕忙連絡阿海載我前來共度佳節。

入夜後，廣場人潮陸續散去，我們返回通鋪過夜。久未相逢的人們熱烈交談，新認識的朋友互相交換經歷，有的人才剛自海外歸來，有的人正準備再次出發，有的人中文流利、資歷豐富，有的人受騙潦倒、驚魂甫定。這個耶誕節，窗外風寒，室內熱氣騰騰，略潮的大通鋪上，很快放滿鋪被與毛毯，枕縫間都是未盡的細語綿綿。

午夜時，教堂傳來緩而沉的鐘聲，低盪迴繞。

※

陽光斜射，地面的投影有窗櫺上交錯的木條格形。晨起的彌撒幾乎還是滿座，包著深藍頭巾的老婦，以及穿著舊棉襖、眼角留有殘屎的大小孩子們，我想他們中間誰是昨晚穿著銀亮翅膀的小天使呢？

隔了一夜，都重返人間了。

越南的天主教很神奇地結合了在地神話，教堂後院的歷史圖卡上不只是聖經故事，還有穿唐裝功夫服的當地俠義傳說，教堂的角落裡且置放香爐同時祭拜數十名猜想是重要神職人員的骨灰。

大家忙著洗菜、準備中午聚餐的作料，我騎腳踏車載著阿清的兒子在附近村莊晃蕩，阿清在他六歲時就離家到台灣了，如今她到哪裡都攜子同行。男孩穿著嶄新球鞋，小心謹慎地避開路上的牛糞，他身形矯健活潑，忍不住被一隻圍繞新糞的小蟲逗弄得露齒而笑、頻頻回首。終究是農村來的孩子。

這裡是郊區，家戶不多，隨處可見稻草堆與黑瓦平房，院子裡有雞鴨啼叫，種植芭蕉、檳榔、或桂花樹，有些人家會在紅磚砌的圍牆上加裝成排玻璃碎片，陽光穿透綠色或褐色酒瓶的尖刺裂縫，閃耀彈珠般的光芒，像我童時的眷村記憶：矮牆頂端添加一排玻璃碎片混砌入泥以防盜，看來效果有限，不過是警告君子莫犯的示意作用罷。

農村裡屋舍的正門大廳多數是對外敞開的，一眼望去客廳裡多掛著聖母像及十字架。傳統祖先牌位少了，胡志明塑像倒是沒有少，有的是裝框相片，或小張褪色海報，有的是銅雕，也有純白石膏製的。

近午時分，由神父帶領大家禱告，隨後吃火鍋、聊天。金燕全場招呼入座，安排議程及互相介紹，整個人活力充沛、積極自信。這是我在台灣熟悉的她，熱心爽朗；又是我所陌生未識的她，一種因內在飽滿而自然流洩而出的，光采奪目。就像是，花開了，葉綻了，陽光醒了。人回家了。

每個人都帶著不同的故事進場：阿海的左手被沖床壓斷了；金燕車禍後髖骨至今裝了鋼釘；阿清的老公在高雄工作，睡夢中猝死再也沒醒來；我右手邊的白淨男孩右腳是義肢，營造工地摔斷的；那個老父親代替腦傷的兒子出席，兒子至今無法行走；還有帶了一大袋烤芋頭來的那個黃毛衣女孩，被欠了二年薪資至今未討回……我們吃熱食、喝薄酒以抵擋窗外陡降的氣溫，彼此交換最傷心的往事，人人臉龐發紅，說著平日在親友間不敢明言的失意，海外淘金不成的心酸。

這是耶誕節的失敗者聯盟，有人哭了又笑了。

他們都是穿越國界的積極行動者，在有限的條件下盤算利害、作出選擇，並大膽付諸行動。只是他鄉異地，鬼影幢幢，封閉的勞動環境、不穩定的居留身份、破碎的社會網絡、不得自由轉換雇主等結構性因素，都成為旅程中不可知的人為陷阱。險境無以迴身。

也許只有碧娥是例外。她全身散發著「只要努力就會成功」的光芒，人也圓潤美麗。碧娥穿著合身的仿皮外套，半長直髮，圓眼薄唇，說話清楚得體，她是少數在台灣未住過庇護中心而被朋友拉來參加聚會的，她沒有挫折可以分享，沒有老友要敘舊，於是主動幫我分碗盤，也主動攀談。

碧娥二十歲就到台灣工作了，在彰化一家國際知名相機品牌的大型加工廠，三年後又續約三年。這六年，正是青春燦爛時期，她和同村同批到海外工作的男孩談了戀愛，此次合約期滿，兩人一同返鄉，年初結婚，年底生子，新房正在蓋。再過幾個月，房子建好了，離乳的孩子交給媽媽帶，夫妻倆還要再共同到台灣同一廠續約，再拼第三個三年。

勞力密集產業，兩班制一天就要輪值十二小時，再加上不定期的加班，碧娥每天睡不滿六小時是常態。這樣的勞動強度，如何還有時間談戀愛？

手機啊，她說。網內互打免費，兩人幾乎天天熱線，有時說著說著就睡著了，夢裡都笑了。

工廠包辦她所有的台灣生活，連春節都由工廠包遊覽車一起到郊外烤肉，平常還有中文老師到宿舍教學，吃住勞動育樂，都在工廠完成，如早年以廠為家的台灣女工。生活單純，低薪耐操，聽話好用。

碧娥和老公的經驗簡直是移工成功的活廣告：穩定有加班的工資，連續性的同廠續約，夫妻同廠勞動，海外存下家庭翻身的第一桶金，蓋房子，養孩子，愛拼就會贏！她盤算得精準，累積財富要趁早，養育下一代的費用愈來愈高，他們兩人估計再賣命三年，台灣打工年限已滿，到時年紀也逾三十歲，到別的國家也沒有人要了。移工的折損率高，賞味期限只達身強體壯的青春歲月，賣也賣不久，很快就會被市場汰換。

返鄉這一年來，碧娥兼做仲介的鄉村小牛頭，每介紹一名同鄉最多可抽成三百元美金。她遞了一張名片給我，若我在台灣認識任何雇主要找工人，可以直接寫電郵與她連絡。她像所有發展中地區的創業者一樣，靈活敏銳，積極進取，對內對外兩面手法，對未來躍躍欲試。發完名片後，碧娥就提早離席了。

聚會尾聲，每人捐出一百元台幣，成立金額窘迫的急難救助基金，也許對那些根本沒條件來的人有一些幫助罷。彼此條件殊異，各自發展不同，迷惘的、振奮的、抱憾低調的、倉皇失落的都有，眼前尚未看見共同的利害，唯相互取暖、保持連繫。但願未來一年一會。

未來可能改變什麼？此時還未可知。失敗者沒什麼光榮事蹟好說，唯有贏得了逆境求生的勇氣，和一些利益他人的體悟。

賞析

致力於勞動研究的學者藍佩嘉，在《跨國灰姑娘‧種族歧視的修辭學》一書中曾指出：「外勞」這個詞，「在臺灣社會已經變成一個脫離字面意義的譬喻（metaphor）」，它所象徵的是臺灣社會中人們最不想要的位置，代表著最底層的階級，更具有賤民的意味。而臺灣人也常將他們劃歸在汙穢的、危險的、壞的、惡劣的一方，不屬於自己所處的純淨想像裡。

這樣刻板而又偏頗的劃分，使我們很容易就將移工歸劃在「非人」的領域裡，輕易剝奪他們的權利與尊嚴，阻絕了自身同理心的產生，因而孕生邪惡與殘忍。

作家顧玉玲看見了長期以來移工在臺灣所遭受到的歧視，除了以實際行動扭轉他們的處境外，更用筆記錄他們的故事。二〇〇八年出版《我們：移動與勞動的生命記事》，書寫移工在臺灣的故事；二〇一四年又以《回家》一書，跟著移工的腳步回到他們的家鄉。偏見與歧視的產生，常常來自於不了解。所以顧玉玲寫下這些動人的生命故事，讓我們感受到那份心臟的跳動、血液的溫度。

這一次，我們不再讓書中的主角們離鄉背井，而是跟隨著他們回家。現在，他們不是異鄉人了，我們才是。

縱使回了家，也不代表一切幸福美滿，安和樂利。坐在阿海的機車後座，一路上的坑坑洞洞，代表政府單位的腐敗；公安對人民聚會的盤查與阻撓，代表自由被剝奪；而農村的沒落、傳統工藝的式微，都是社會變遷中滾滾襲來的浪潮。世上的每個人都一樣，現實沒有一刻不侵逼著我們。

然而，我們也從未被現實擊倒。教堂裡，一群人跨越了各自的重山峻嶺，渡過了各自的汪洋大海，來到天主之前，歡度耶誕。每一個人都攜帶自己的故事，那是他們翻山越嶺，或是穿破洶湧的濤浪後留下的傷痕。故事裡頭夾藏血汗和淚水，但也因為這些故事，此時的每個人都不是一張簡化的標籤，不是一具沒有靈魂與尊嚴的軀殼。

或許我們彼此都不一樣，每個人的心都是獨一無二的，每個人的感受也都是獨一無二的；但也有很多時候，我們其實都一樣。〈耶誕節的失敗者聯盟〉讓我們看見每個人的獨特，也讓我們看見彼此沒有什麼不同。不論來自何方，不論家在哪裡，不論具有什麼樣的膚色、血緣、文化與背景，我們都是有血有肉，愛家鄉愛親人，有渴望，有理想，會戀愛，會付出的人；也都在血淋淋的現實中，努力做著那個甜美溫存的夢。

（林皇德）

在地的能源革命：德國能源村的故事

林育立

能源民主是：一、人民與團體自己發電，即使如此做電力公司會少賺錢。二、目前主要在丹麥和德國發生，但可能擴散到全世界。三、在發展再生能源對抗氣候變遷的過程中，最常被忽略的好處。

——《能源民主：德國走向再生能源的能源轉型》（*Energy Democracy: Germany's Energiewende to Renewables, Craig Morris & Arne Jungjohann, 2016.09*）

他們先是忽略你，然後嘲笑你，然後跟你對抗，然後你就贏了。

——甘地

車子離開柏林沿著公路一路往南開，左右兩旁只見大片的松樹林和麥田，窗戶不時閃過向日葵花海和高大的風力發電機，讓人眼睛一亮。一小時後，我們緩緩駛進一處聚落，我的目光立刻被路邊「能源自給自足村費爾特海姆」幾個字吸引。

德國的東北部地廣人稀，費爾特海姆（Feldheim）人口僅一百五十人，全村就一條街和幾棟矮房，看來和鄰近的小村落沒什麼兩樣。不過自從福島發生核災，每年有數以千計的各國能源專家來費爾特海姆取經，臺灣的環保署和臺南市政府也大老遠來考察過，因為費爾特海姆是全德國第一個光靠再生能源就能自給自足的村落。

「再生能源已經為德國的電力市場帶來革命性的改變，」接待我們記者團的能源開發公司Energiequelle發言人佛洛溫特（Werner Frohwitter）表示：「只有來鄉下走走，才可能知道德國的能源轉型到底是怎麼一回事。」

化腐朽為能源

德國的電力市場隨著歐盟的腳步，在一九九八年走向自由化，從此發電和賣電的權力就逐漸下放到民間，打破只有少數幾家能源集團壟斷的局面。目前歐洲幾家專門規劃、興建和經營綠電的電力開發商，許多就是在電力市場剛開放的一九九〇年代末創業，Energiequelle也不例外。

「費爾特海姆的村民主要以畜牧和務農維生，因此他們十年前考慮投資綠能時，第一個想到的就是生質能。」佛洛溫特說。我們跟著他走到村子角落的沼氣發電廠，馬上聞到空氣中的酸味，有點像是麵團正在發酵的味道。半圓形的發酵槽旁是露天的糞尿收集池，有點臭，但不到難以忍受的程度。

生質能發電的原理，就是在密閉的空間內混入動物的排泄物，和玉米、甜菜、麥粒等所謂「能源作物」，透過發酵過程中產生的沼氣來推動馬達發電，因此一般稱其為沼氣發電廠。

位處溫帶的德國，冬天往往一連幾個月都是酷寒的天氣，發電過程中產生的廢熱經回收後既可做為豬舍、農作物的溫室、民眾熱水和暖氣的來源，而且沼氣純化後就是瓦斯，可直接注入公共的瓦斯管線，分解後剩下的殘渣還可做成堆肥，可說一舉數得，化腐朽為能源。

費爾特海姆的這座沼氣發電廠，是由本地農民組成的農業合作社經營，運作到現在第九個年頭，主要原料就是全村養的近千頭豬和牛排放的糞尿、田裡種的玉米及剩下的麥稈和麥屑，每年發的四百萬度電，可以滿足一千戶家庭的需要。

德國是歐洲最大的養豬國，畜牧業十分發達，為了處理豬隻可觀的排泄物，政府十幾年前開始就透過《再生能源法》（Erneuerbare Energien Gesetz，簡稱EEG）鼓勵農村投入沼氣發電，藉由固定的電力收購價來保障農人賣電的合理利潤。目前全國耕地有六分之一用來種植能源作物，像費爾特海姆這樣的沼氣發電廠共有九千座，發的電占全國發電量的七%，是德國分散電力來源的重要選項。

除了供應電力、空調、瓦斯和肥料，沼氣發電廠還有電力輸出穩定的好處，能平衡波動的風力和太陽能發電，而且沼氣容易儲存，可隨時機動發電。不過，如果像德國這樣大面積種植能源作物，就會有農作物過於單一化的疑慮，德國的環保團體就常用「黃色瘟疫」來形容大片耕地只種植玉米的單調農村景觀。

能源轉型的主力

離開村子唯一的街道，車子沿著田野上的小徑往前開，不到五分鐘就是風力發電場，四十幾座高度超過一百公尺的風力發電機矗立在眼前，看上去十分壯觀。

在德國，陸上風力是推動能源轉型的主力，到二〇一六年上半年為止，全國共有二萬六千多座風機，占全年發電量的一〇%，是所有再生能源的首位。為了擷取更多風能，近年來風機愈蓋愈高，加上葉片高度動不動就超過二百公尺，比歐洲最高的教堂尖頂都還高。由於風力發電的成本還有下修空間，專家因此預測，再過二、三十年，德國的用電可能有一半都來自風力。

費爾特海姆位於海拔一百五十公尺的臺地，終年風力強勁，風場全年滿載發電的時間至少二千小時，能滿足四萬家戶的需求，費爾特海姆只需其中的不到一%，剩下的電就全部注入電網。

德國北部、尤其濱海地區地勢平坦，富含風力資源，許多地主為了增加收入，把農地租給像Energiequelle這樣的開發商興建風場。由於賣電所得的營業稅幾乎全歸地方，是故地方官員也樂於配合，對於產業不發達的偏遠鄉鎮來說，賣電的稅收經常是地方政府的重要財源，能有效平衡區域的發展。

噪音和生態的疑慮

不過，任何選擇都必須付出代價，在一些人眼中風機對鄉村的景觀造成衝擊，轉動時的噪音也可能影響附近居民的作息。臺灣的苗栗苑裡民眾組成「反瘋車自救會」的抗爭就是活生生的例子。風機到底該距離民宅多遠，在德國也經常引起爭議，因此各地方政府在規劃風場用地時，都有明確的建議值：一般住宅區方圓一千公尺內不得蓋風機，也有的地方規定是六百公尺。

此外，風力開發還受到諸多限制，申請風場前得先與飛安、國防、氣象、環保、古蹟保護等有關單位協調，並委託專家針對風力資源、強風下的風機安全、運轉的音量、鳥類和蝙蝠的生態，以及葉片投影在地面所造成的眩影等項目進行評估。從找到合適的用地、與地主和當地政府談判、找到金主，到提出申請和與在地民眾溝通，往往得籌備多年才能動工興建。

Energiequelle這家公司創業二十年，在歐洲各國建了近七百座風機，經驗非常豐富。「一九九〇年代，風機離民宅的距離只有四百公尺，現在我們不可能再犯同樣的錯誤，至少都離一千公尺以上。」有些地方政府甚至訂下嚴格的規範，例如南部的巴伐利亞邦就有所謂的「十倍高」規定，也就是說風場離聚落的距離至少是風機高度的十倍，相當於二千公尺，大幅增加風場開發的難度。

除了必須注意跟民宅的距離，規劃風場時也得考慮風向，佛洛溫特指著不遠處的費爾特海姆說：「風機如果完全不用維修，全年可運轉八千七百多個小時，其中八千個小時，住在那頭的村民完全聽不到聲音，這也是為何村民當年支持我們建風場。只有在夜闌人靜且風突然轉向時，村子裡才稍微聽得到，但依舊小於法定的三十五分貝，也就是德國一般醫院和老人院允許的最大音量。」

參觀的那天風很大。我站在一座機鼻離地面一百二十公尺的風機前約五十公尺處豎起耳朵聽，勉強可聽到細微的低頻聲，經佛洛溫特的說明，我才瞭解這是新型的風機，葉片長但轉速慢，噪音比起上一代機型明顯獲得改善。

野鳥保育也是德國環保團體關心的焦點，這也是為何風場經營者必須定期記錄鳥類的數量，並委託專人觀察鳥類的生態。德國經驗顯示，雖然偶有鳥類撞上風機死亡，但風場對鳥類生態基本上沒有負面的影響。費爾特海姆是歐洲的候鳥秋天南飛和春天北返時重要的棲息地，候鳥群經過時，依規定風機也不得運轉。

德國投入風力發電超過二十年，不時旋轉的風機早已是鄉村景觀的一部分。外國觀光客搭高鐵穿過北部平原時，經常為上百座風機排排站的景象讚嘆不已，一般民眾早習以為常。在人口密度高的國家興建電力設施，民眾的接受度往往是計畫是否能實現的關鍵，根據民間的「再生能源通訊社」（Agentur für Erneuerbare Energien）委託的民調，五成的德國民眾能接受自家附近蓋風場，接受度僅次於太陽能發電，但遠高於燃煤發電的六％和核電的五％。

「德國人現在對風力發電還有疑慮嗎？」我問。「現在的批評，主要還是集中在對視覺的干擾，不是每個人都覺得田野上的風機很美觀。」佛洛溫特的回答，讓我想起德國一些反風機人士用「蘆筍化」來挖苦平原上插滿風機的景象。

用太陽能恢復土地生機

不論是發電或用來燒熱水，太陽能設備的成本相對低廉，隨處都可安裝，最能體現再生能源小規模和分散的特色。德國的日照跟歐洲他國比雖然不算充足，政府為了培養產業鍊，在過去十幾年仍大力扶植太陽能。目前全德有超過一百五十萬座設備，多數屬於一般民眾，每年發的電量相當於臺灣所有核能電廠的總和。

德國的太陽能光電超過八成與建築物的屋頂結合，只有少數裝在地面，其中又以廢棄和閒置的礦區、彈藥庫、工業區、垃圾掩埋場、軍事演習用地和荒地，最適合做大面積的太陽能發電，可耕作的農地近年已不再開發光電。土地在太陽能發電二十年後是否恢復生機，就成了地方政府評估和許可的標準，費爾特海姆就是典型的例子。

Energiequelle是在一九九〇年代末，向費爾特海姆的鄉公所以一歐元的象徵代價，把占地二十公頃的閒置軍事用地買下來，接下來又花了臺幣五千萬，把水泥建物和土地汙染全部清除，讓土地得以重新呼吸。現場目前有近萬片的太陽能發電模組，架設在二百多部用馬達驅動的追日系統上，追蹤太陽移動的軌跡以發揮最大效率，Energiequelle就靠著賣電回收成本。

「像太陽能發電這樣幾乎沒有人類干擾的土地利用方式，環保人士特別喜歡。」佛洛溫特指著斜放的太陽能板底下、長滿各種花草的土地說，「這塊地，在我們經營發電的十幾年來，逐漸恢復地力，連牧羊人也常帶羊群來吃草。」雖然人數已經不多，德國鄉村偶爾還是能看到逐水草而居的牧羊人，政府也補貼他們部分費用，因為羊群將種子帶到各地，對生物多樣性和農村景觀都有助益。

根據法令，業者在賣電二十年後，就可以將土地轉為農業用地，但如果生物多樣性達到一定程度，也有可能劃為生態保護區，「主動來這裡記錄的環保團體，發現了許多稀有的植物和昆蟲物種。幾年後我們不再發電，他們一定會向政府爭取變更土地為自然保護區。」

全民推動能源轉型

能源轉型不僅是揚棄化石燃料和核能，改用再生能源的技術轉型，本身也是電力生產和消費的革命。不論是用自家屋頂發太陽光電，或是像費爾特海姆的農民一樣投資沼氣發電，綠電併入電網沒有障礙又有穩定報酬，人人都可以為供電來源的多角化和節能減碳盡一份心力。人民不再只是電力的消費者，同時也是生產和經營的業者，翻轉了過去電力公司與消費者間不對等的關係。在德國這樣公民意識強的國家，發電從此成了全民運動。

「與其花這麼多錢從阿拉伯世界進口燃料，不如自己發電，用行動來支持國家的永續發展。」佛洛溫特如此描述民眾發電的動機。德國在討論能源轉型時因此有「電力造反者」的說法，指的就是關心能源議題和地球暖化的民眾，集資成立公司或合作社開發綠能，以小搏大，對抗經營核電和火力發電的能源集團，其中最著名的例子就是二〇一三年獲總統頒發「德國環境獎章」(Deutscher Umweltpreis）的烏蘇拉・徐拉戴克（Ursula Sladek）。

一九八六年車諾比核災後，當時還是小學老師的徐拉戴克警覺到核電的危險性，成立民間團體「支持非核未來的父母」(Eltern für atomfreie Zukunft)，先從為災區孩童募款和推廣節約用電做起。接著她自修能源和經營的知識，募款創業投資水力和太陽能，為了買下全村的電網，還在地方推動公投和上法院與電力公司對簿公堂。徐拉戴克的執著和熱情，吸引愈來愈多民眾關心能源議題，主動捐錢幫她買電網或是入股她的公司。

徐拉戴克有次演講時表示，她看到政府和電力公司什麼事都不做，決定自己用行動去改變現狀。「我對政治和環保原本不感興趣，我只是個對核電感到不安的五個孩子的媽媽，」這位全國最知名的反核媽媽表示：「人民向來走在政府的前面，我們的目標是能源供應的民主化。」

一九九九年，也就是電力市場開放自由交易的第二年，徐拉戴克的公司開始賣綠電，如今全國有十六萬戶的家庭，都是這家來自黑森林小鎮的綠電公司的客戶。

徐拉戴克改變成真的傳奇故事，激勵了全國民眾投入能源轉型。德國目前有上千家開發和經營再生能源的合作社和公司，股東可能是個人、業者和地方政府，也可能是在地的金融機構；開發綠能把利潤、稅收和新增加的工作機會留在地方，因而成了凝聚向心力和推動社區營造的手段。

像費爾特海姆這樣，以一〇〇%的綠電為施政目標或已經達到目標的所謂「能源村」有一百多個，其中不乏知名的綠色觀光地標。老牌旅遊出版社貝德克（Baedeker）幾年前就出了一本名為《體驗德國再生能源》的旅遊指南，由於市場反應熱烈，最近還出了英文版。

未來能源的櫥窗

與德國其他的能源村相比，費爾特海姆的特殊之處在於村民每人花了臺幣十萬元，加上官方的補助，把全村的電網和地下的暖氣管線都買下來。當電網和暖氣管屬於村民，從早到晚所需的能源都是當地自產，嚴格來說才是一〇〇%的自給自足。「家家戶戶都有智慧性電表和遙控器，可以清楚知道自己的用量，整個電網都由電腦來監控，這是德國目前最先進的能源供應方式。」佛洛溫特表示。

為了迎接更多訪客而打造的展覽館「新能源論壇」，以及耗資臺幣五億元、號稱全歐規模最大的電網級儲能系統，日前才剛完工。綠電普及後，各種能源和儲電設備整合和應用的可能性，在這裡全都看得到，讓這個離柏林車程才一小時的小村落，成為全國未來能源的展示櫥窗。

「二十世紀初年，我們德國的皇帝威廉二世曾經說過，我不信任汽車，我只信任馬；現在馬和威廉二世都是過去式，核能和化石燃料遲早也會成為過去式。」佛洛溫特的口氣非常篤定。

賞析

〈在地的能源革命：能源村的故事〉這篇文章或許可以與郭位《核電、霧霾、你：從福島核電事故細說能源、環保與工業安全》一書比並對讀。〈在地的能源革命〉介紹德國的能源轉型歷程，具體呈現非核家園的可能。郭位《核電、霧霾、你》則借鑑於福島核事故，剖析管理缺失與災難成因，從而探討能源與環保的糾結。林育立的報導、郭位的科學論述皆有可觀，深入分析能源問題，並對核能發電提出了看法。

二〇一一年三月十一日大地震，引發大規模海嘯，福島核電廠發生事故。一萬八千多人罹難，數萬家庭破碎，福島縣、宮城縣、岩手縣基本建設遭毀。面對這場核災、海嘯、地震複合式災難，善後經費約兩兆日圓。這場災難刺激世界各國重新審視核能安全問題，在各自的侷限裡尋求嶄新的契機。

林育立深入現場，報導德國當今能源革命，如實呈現能源轉型的範例。〈在地的能源革命〉有這麼一段令人動容的敘述：「人民不再只是電力的消費者，同時也是生產和經營的業者，翻轉了過去電力公司與消費者間不對等的關係。在德國這樣公民意識強的國家，發電從此成了全民運動。」能源問題的解決之道，其實與公民意識密切相關。這一點，很值得台灣人民深思。

（凌性傑）

愛是唯一存在的價值：村上春樹《1Q84》

伊格言

兩則小說中的虛構文本（小說中的小說）關鍵性地支配著《1Q84》皇皇三冊龐巨之世界：其一，小說角色深繪理的暢銷自傳性小說《空氣蛹》；其二，德國小說〈貓之村〉。

首先略述後者。根據《1Q84》書中所述，〈貓之村〉寫成於兩次世界大戰之間。熱愛旅行的青年背著背包獨自上路，開始他漫無目的的旅程。方法如下：搭乘列車，隨機挑選任一小站下車，投宿旅店，愛待多久便待多久，直至失去新鮮感，再搭上火車，前往下一隨機目的地。某日，青年來到小鎮，為古老小鎮的神祕氣息所吸引。他獨自下車進站（注意，並無其他旅客在此下車），意外發現車站中並無任何服務人員。出站後漫步大街，唯一的旅店櫃臺亦無人跡。所有商店都拉下了鐵捲門。青年誤以為自己來到了被人們遺棄的廢城，意欲離去，但車班有限，別無他法，只能在此過夜，等待明日上午的早班車。

然而那其實絕非廢城。那是貓兒們的小鎮。當白日逝去，夜幕落下，各樣花色品種的貓兒們便紛紛出現。商店裡的貓兒們拉起鐵門開始營業，市場上的貓兒們彼此討價還價，辦公室中的貓兒們穿上了體面的制服開始辦事。牠們吃食，交談，行走，爭執，飲酒作樂。貓之村的日常生活。然而貓兒們似乎對除了貓自身之外的其他生物萬分忌諱。青年害怕極了，連忙躲進鎮上最高的鐘樓塔頂。一夜過去，白晝臨至，貓兒們魚貫離城（只一瞬間，貓之村又回復到原先萬徑人蹤滅的廢城模樣），青年趕忙來到車站，卻眼見列車飛馳駛過月台，對他視若無睹。青年只能回到鐘樓塔頂，繼續匿藏困鎖於彼。如此日復一日，直到貓兒們聞到了人的氣味，組成搜索隊，層層向上，進入鐘樓塔頂，來到隱蔽於黑暗中，恐懼不已的青年面前——

沒事。居然沒事。貓兒們居然什麼也看不見。牠們聞聞嗅嗅，搖頭晃腦，無比疑惑（奇怪，明明有人的氣味呀）；但終究放棄，轉身下樓，回到小鎮各自的居所，回到牠們原先豐富熱鬧的日常夜間生活之中。青年恍然大悟，帶著巨大的孤獨與悲哀——他明白，這就是「我」浪遊的終點，這就是「我」該消失的地方；那白日的車班終究不會再來，而「我」從來便不曾存在。

毫無疑問，這是相當精采的獨立短篇小說，即使將之抽離於《1Q84》之外亦復如是——「漫無目的的浪遊」其實正是生命旅程精準的隱喻，至少對多數人而言是，因為本質上，「存在即被拋擲」。且容我作個思想史性質的過度附會：西元一八九九年，初版《夢的解析》成為二十世紀人文思潮地殼變動的震源之一，而兩次世界大戰與猶太大屠殺則粉碎了人類知識階層基於理性所構築的美麗夢想——這必然回身呼應了佛洛依德，因為那正是《夢的解析》所意圖揭示的，人的潛意識世界，「非理性」巨獸般的力量。於此一意義上，《夢的解析》已成為一則痛苦的預言。而如若〈貓之村〉恰恰寫於兩次大戰之間，那麼我們或可如此釋義：那孤獨閉鎖於黑暗高塔上的青年（相對於盲眼的貓兒們——眾人——而言）所擁有的正是一對清明的文明之眼：在經歷一次世界大戰之後，人類即將，且終將領悟自己的徬徨與無所依傍；而存在本身即是虛無。但在二戰臨至之前，我們還有些時間，足供逃躲，猶豫，自我囚禁，自我懷疑——就在那孤立的高塔之上。

這是〈貓之村〉的歷史隱喻——我個人的過度聯想。但即使全然將之棄去不談，於《1Q84》本身脈絡中，〈貓之村〉依舊直接影射了男主角天吾的身世。獨子天吾自小成長於單親家庭，由父親扶養長大。身為NHK收費員的父親性格拘謹，處事嚴厲，對天吾亦欠缺溫情；甚至每逢假日，便強迫年幼的天吾與他同在市區中四處轉悠，收取NHK收視費用。這職業以「可怕」形容並不為過，因為其業績來自於收費者與被收費者之間伴隨著各式各樣負面話語的負面能量。也因此，天吾與父親之間的關係始終相當冷漠。晚年中風後，父親被天吾送進了一座鄰海的療養院，時日既久，終至衰弱而死。而在整理父親僅有的少許遺物時，天吾發現了一個信封；其中裝有天吾童年時期的全家福照片——這相當奇怪，因為父親生前對母親的相關話題（天吾究竟是如何成為一個單親兒童的？）十分忌諱，總以「母親早已病死」一語帶過，甚至未曾出示任何與母親相關的私人物品。這張意料之外的全家福照片使得天吾第一次知曉了母親的長相。他想起之前來探視精神狀態不佳的父親時兩人間的對話：

天吾先把照片放回信封，尋思著那意義。父親把這一張照片珍惜地保存到臨死之前。那麼表示他很珍惜母親吧。在天吾懂事之前母親就病死了。根據律師的調查，天吾是那位死去的母親，和NHK收費員父親之間所生的唯一孩子。這是戶籍上所留下的事實。不過政府機構的文件並不保證那個男人就是天吾生物學上的父親。

「我沒有兒子。」父親在陷入深沉昏睡之前這樣告訴天吾。

「那麼，我到底是什麼？」天吾問。

「你什麼都不是。」那是父親簡潔而不容分說的回答。

天吾聽了之後，從那聲音的響法，確信自己和這個男人之間沒有血緣關係。而且覺得終於從那沉重的枷鎖解脫了。但隨著時間的過去，現在又無法確定，父親口中的話是不是真的了。

　　我什麼都不是。天吾試著重新說出口。

「我什麼都不是」。類似主題其實曾深沉地出現在村上春樹的其他作品中，而不同的小說則以彼此相異的語言重述了此一命題——在《國境之南，太陽之西》中，是「真正存活的只有沙漠本身」；在《挪威的森林》中，是直子那憂傷的請求：「請你永遠不要忘記我，記得我曾經存在過」。何以需要「永遠記住我」？因為「雨下了花就開，雨不下花就枯萎。蟲被蜥蜴吃，蜥蜴被鳥吃。不過不管怎麼樣，大家總有一天都要死。死了就變屍體。一個世代死掉之後，下一個世代就取而代之。這是一定的道理。大家以各種不同的方式活，以各種不同的方式死。不過那都不重要。最後只有沙漠留下來。真正活著的只有沙漠而已」——真正存活的，僅有沙漠本身。那是乾燥的虛無，人世間無可迴避的自然律，生命本然的廢墟與空洞，村上春樹一以貫之的本體論——「死不是以生的對極形式，而是以生的一部份存在著」（《挪威的森林》）。直子與Kizuki都掉進了這樣的空洞裡（《挪》書中「井」的意象），而在《1Q84》中，同樣主題的變奏形式則是父親彌留時刻對天吾的斷言：「你什麼也不是」。

此一斷言對天吾而言特別沉重——因為與小說中其餘人物相較，天吾（最初）顯然是一個極端缺乏內在動力的角色。小時曾是數學天才的他長大後自學術場域出走，選擇擔任補習班數學教師，閒暇時寫小說。「寫小說」或許是胸無大志的天吾唯一的興趣，但即便如此，出版社編輯小松也曾明白指出天吾缺乏積極經營作品的野心與慾望。天吾亦未曾積極尋找孩童時期曾短暫交會且彼此留下美好印象的青豆；只是恆常困鎖於極幼小時母親與其他男人性交的神祕心象中。就此事看來，相較於父親NHK收費員的人生（雖則無謂且無趣，但至少展現了生命某種形式的執拗：目標明確，無可妥協，貫徹到底，亦因之而充滿各種侷限與粗暴，俯拾即是），天吾確實「什麼也不是」。那是父親對天吾一次嚴厲的本體論判決——對長期缺乏重大內在動力的天吾而言，說是與生俱來的詛咒亦不為過。

判決：「你什麼也不是」。「我什麼也不是」。人什麼都不是。那正是貓之村中浪遊青年的最終體悟。那麼，有什麼機會能讓人「是」些什麼呢？或者，人有沒有機會真正地「是」些什麼呢？作者村上藉由小說中的另一關鍵虛構性文本給出了答案——美少女作家深繪理的暢銷小說《空氣蛹》。《空氣蛹》情節約略如下：在集體農場（疑影射宗教團體「先驅」）中長大的少女（疑為深繪理本人）由於犯了錯，在禁閉期中被懲罰與死山羊共處。夜裡，經由死山羊張開的喉嚨，神祕的「Little People」現身了。這些Little People的數量並不固定（首次出現時是六位，而在自行強調「如果你覺得七個人好的話，我們也可以是七個人」之後，就又變成了七位），面目模糊（「他們穿著同樣的衣服，臉長得一樣，只有聲音卻個個清楚地不同」，「眼睛一旦轉開，已經完全想不起他們穿的是什麼樣的衣服了」，「那相貌沒有好壞。就是普普通通到處可見的長相」），身份不明，甚至身形大小也並不穩定（在由死山羊口中初初現身時，身長僅十餘公分；而後如雨後蘑菇般逐漸長高為六十公分左右），而他們唯一的工作，便是製作「空氣蛹」。

「空氣蛹」此一意象當然是《1Q84》書中的主導性意象之一。根據書中描述，那其實更像是個「空氣繭」，是將周遭空氣憑空搓取成絲，揉織而就。而在「先驅」公社所織就的「空氣繭」中，藏著少女深繪理的「女兒」（Daughter）——一位外貌與她一模一樣的少女人形。這所謂「Daughter」，根據Little People的說法，是「母親（Mother）心靈的影子」，是作為「知覺者Perceiver」，能將感知到的種種事物傳達給「接受者Receiver」。而在此一案例中，配合「先驅」領袖深田保（亦即深繪理的親生父親）的說詞，接受者正是深田保本人。藉此，Little People實質上掌控了宗教團體「先驅」，與逃離「先驅」的少女深繪理對峙。而Mother少女深繪理之所以必須如此，是為了保持「世界的平衡」。

這當然是個極具魅力與神秘感的寓言；於此試論如下：人生於世，原本便「什麼也不是」——那是心靈的貓之村，出之以沙特語：存在即「被拋擲」，原本毫無道理，毫無意義。而即便暫且棄去所有哲學思索，回歸至幼童之心理發展歷程，我們亦可以另一方式重述此事：嬰孩原本懵懂無知，唯於其成長過程中，長期與親職者、陌生人、周遭既有環境等互動，方能逐漸發展出一套世界觀，用以理解世界、安身立命（此一世界觀，理論詞彙稱之為「象徵秩序」（Symbolic Order）；此處姑以「世界觀」暫代之）。此世界觀來源必然駁雜而殊異：

習俗、歷史積澱、親職教育、人類本能之認知能力、集體潛意識……林林總總，虛無縹緲，其過程神祕難解，一如Little People所造之空氣蛹，乃人由虛空之中抽取編織成形。「空氣蛹」正是人之世界觀的隱喻。也因此，空氣蛹中的「Daughter」指的正是這樣的世界觀認知框架（所謂「Mother心靈的影子」）——唯有藉由這樣的世界觀框架（知覺者Perceiver），人才能真正「感知」這個世界，從而理解各項事物之意義。

人各有其世界觀。人各有其Daughter，其空氣蛹，其「心靈的影子」；於其中孕育事物種種，孕育繽紛世界之萬花筒樣貌——這是《1Q84》的認識論。換言之，如若某特定個人之世界觀乃趨向於一片模糊漫漶（例如未有屬於自己的理解方法、未有明確價值取向等等），那麼此人便可說是「什麼也不是」——貨真價實，如假包換。於《1Q84》中，是原本的、貓之村中的天吾——如若沒有青豆，沒有愛，沒有熱誠，沒有對創造的激情，沒有獨屬於自身之「Perceiver」，則即便曾是個天才少年，天吾依舊「什麼也不是」。

而正是藉由《空氣蛹》（認識論）與〈貓之村〉（本體論）這兩則關鍵性虛構文本，村上將小說動力載入了《1Q84》的世界。如前所述，各人不同的「空氣蛹」代表了各人彼此殊異的世界觀。這眾多世界觀或硬或軟，可能兼具不同程度之包容性與排他性；但要之，人原本便無法在廣漠的虛空中理解世界，唯有藉由類似空氣蛹這樣的理解框架（Perceiver），方能安身立命。自古而然。這也是深田保之所以向青豆描述「Little People非善非惡，自遠古時便與人類同在」的原因。何以非善非惡？因為既屬生存之必要，在引入其他價值判斷（道德律、倫理學）之前，種種彼此殊異之世界觀原本便難以以善惡界定之。

原本確實非關善惡。然而問題在於，如若某些世界觀過於堅硬、具高度排他性（如村上春樹在《約束的場所》中所描述的奧姆真理教，青豆所屬的證人會家庭，「先驅」，以及天吾那偏執的、身為NHK收費員的父親），則必然為他人帶來傷害。事實上，人之存在幾乎難免於傷害他人——人之存在，因為無可迴避的嚴峻生存競爭，幾乎確定無法免於剝削他人——而某些過度堅硬的，不可妥協的世界觀危害尤烈。正是於此處，《1Q84》對影射奧姆真理教的「先驅」教團作了個翻案（或說，並非翻案，而是某種更為細緻的批判）：一般看法，「先驅」領袖深田保的作為是不可饒恕的重罪；然而在村上的描述中，深田保非但具有神通（由Little People所賦予），甚至為此承受了常人所不能忍的精神與肉體痛苦。反觀，基於良心、基於義憤、基於護衛弱勢女性而謀劃殺害深田保的「柳宅」緒方老太太（嚴格來說，是緒方老太太、保鑣Tamaru與青豆三人），即使成功終結了深田保的性命，其意識型態卻顯然具有過度排他性之嫌疑。

這具體體現在牛河此一角色身上。因為極不討喜的外型、氣質與職業（作為「先驅」教團外圍的聘僱者，女主角青豆之人身安全的最大威脅），毫無疑問，牛河一開始幾乎是個令人厭惡的角色；但在漫長的小說篇幅中，在作者逐步揭露牛河的個人歷史之後，此一角色也令讀者同情了起來。而正當讀者們開始心軟之時，為了自我保護，緒方老太太與Tamaru卻毫不遲疑地「處決」了牛河。平心而論，其殘忍冷酷，比起「先驅」不遑多讓；而其傷害較之青豆父母的「證人會偏執」或天吾父親的「NHK收費員偏執」亦是半斤八兩。作為一個人，我們甚至看見緒方老太太（有義憤，有明確價值選擇，但同時亦懷抱著一顆血肉之心，足以對惡者賦予細微同情）的自我反省：在深田保死去之後，「我心中的激烈憤怒，不知怎麼，似乎在那震天巨響的雷聲中消失了」。

回到天吾身上。原先「什麼都不是」的天吾，要如何重新尋回自己的生命呢？那正如安達久美護士所說的：「人無法為自己再生。要為了別人才行」——毋庸置疑，對天吾而言，就是青豆。這也正是在父親陷入彌留狀態時，天吾在父親床上見到空氣蛹所包覆著的，十歲的青豆的原因。在安養院中的父親被送去進行例行性檢查時（象徵：父親暫時缺席，父親所賦予的本體論——「你什麼也不是」——亦暫時缺席）時，空氣蛹出現在父親床上；天吾直覺以為那必然是他自己的空氣蛹，但出現在空氣蛹中的，卻是十歲的少女青豆。然而那是天吾自己的空氣蛹沒錯——那是天吾重生（重新定義自己，定義自己的Perceiver，定義自己的世界觀；讓自己有機會「變成另一個人」）的契機。是的，《1Q84》當然是一本不折不扣的純愛小說（愛是唯一的價值，愛是自我重生唯一的機會，為了青豆）——至於這樣的想法是否有過於單純之嫌（因而於小說之藝術性有損），或Book3是否寫得太囉嗦（笑），篇幅所限，或可另闢專文討論。

賞析

賈德・戴蒙在《大崩壞》中提到一則事例：考古學家透過孢粉分析，發現紐幾內亞島上在三萬二千年前，非森林樹木的花粉增加了。再綜合其他考古遺址和炭粒子的分析便可推知：人類在此時已來到紐幾內亞島了。一千二百年前左右，非森林樹木的花粉持續增加，森林花粉不斷減少，且島上東西兩端同時出現大量的木麻黃花粉。由此可再推知：人類大量砍伐島上的森林樹木，導致林木不足，而為了解決林木不足的問題，又大量種植木麻黃。

優秀的考古家能在細微、繁複的蛛絲馬跡中，抽絲剝繭，條分縷析，發現一般人看不見的一面。厲害的文學評論家所做的事，也類似如此。村上春樹的《1Q84》卷帙宏大，劇情天馬行空，交織著現實、想像與超現實。唯有識見敏銳而卓越的人，才能撥開雲霧般的種種隱喻與象徵，讓明亮的陽光直射進來。

伊格言不但是卓越的文學評論家，更是優秀的小說家，這篇解讀《1Q84》的評論，雖然是議論文章，卻融入了許多敘事技法，讀來猶如情節起伏曲折的小說，不時扣緊心弦，引人一步步陷溺。

在厚厚三大部的《1Q84》原著中，伊格言首先抓住最關鍵的二則文本：〈貓之村〉和〈空氣蛹〉，以簡練的敘事帶領我們走進貓兒的國度，看見了「我」的浪遊與消無。當讀者還搞不清楚貓兒為什麼看不見青年時，伊格言再把視野拉出《1Q84》，扼要回顧了廿世紀思想史的發展，拈出「存在本身即是虛無」的哲學命題，再回過頭來詮釋〈貓之村〉的寓意：「你什麼都不是」。於是我們赫然明瞭《1Q84》這部鉅作的核心主題，同時也明白這本書在人類思想的道路上占有的位置。

接著，伊格言再剖析〈空氣蛹〉的情節與寓意，讓我們明白，將空氣取成絲而結成的空氣蛹，也隱喻著人之世界觀。而無論是〈貓之村〉還是〈空氣蛹〉，都將人類存在的意義導向一片虛無漫漶。他剖析得越清楚，讀者對於存在的意義與價值便越是迷惘茫然。就在我們「月迷津渡」的同時，伊格言就像熟練的解謎師一樣，揭開人生問題的最終解答——「愛」。

愛是唯一的存在價值，有了愛，有了愛的對象，自己的存在才有意義。終其一生走在自我的道路上，卻發現人生問題的解方不是在自己身上，而是在別人身上；運用各種理性的工具不斷思索人生的意義之後，卻發現理性無法帶來意義，感性的愛才能。或許這就是人生吧！總是如此弔詭，卻又那麼理所當然。

（林皇德）

作者簡介

林達陽

屏東出生，高雄人。高雄中學畢業，輔仁大學法律學士，東華大學藝術碩士。曾獲聯合報文學獎、時報文學獎、自由時報林榮三文學獎、台北文學獎、香港青年文學獎、教育部文藝創作獎、優秀青年詩人獎等。著有：詩集《虛構的海》、《誤點的紙飛機》；散文《恆溫行李》、《慢情書》、《再說一個秘密》、《青春瑣事之樹》。

王盛弘

出生於彰化。輔仁大學大傳系畢業。散文曾獲林榮三文學獎、中國文藝獎章、中國時報文學獎、梁實秋文學獎等二十餘個獎項，為各類文學選集常客，多篇文章入列大專院校通識科教材。著有散文集《一隻男人》、《慢慢走》、《關鍵字：台北》、《十三座城市》、《大風吹：台灣童年》、《花都開好了》等書。現為《聯合報》副刊副主任，曾獲報紙編輯金鼎獎。

張曼娟

東吳大學中國文學博士，講授古典小說課程逾二十年。一九八五年以短篇小說集《海水正藍》崛起文壇，出版文學作品四十餘種。多年來跨足現代文學創作與古典文學賞讀，並於二〇〇五年成立私塾「張曼娟小學堂」，帶領孩子閱讀經典與寫作，近年並致力於經典文學通俗化的創作。

陳雪

一九七〇年生。中央大學中文系畢業。著有《像我這樣一個拉子》、《我們都是千瘡百孔的戀人》、《摩天大樓》、《戀愛課》、《台妹時光》、《人妻日記》、《迷宮中的戀人》、《附魔者》、《她睡著時他最愛她》、《無人知曉的我》、《天使熱愛的生活》、《只愛陌生人》、《陳春天》、《蝴蝶》、《橋上的孩子》、《愛上爵士樂女孩》、《惡魔的女兒》、《愛情酒店》、《鬼手》等。

楊牧

花蓮人，一九四〇年生。東海大學外文系學士，美國愛荷華大學藝術碩士、柏克萊加利福尼亞大學比較文學博士。曾任美國麻州大學及華盛頓大學助理教授、東華大學文學院院長、中央研究院文哲所特聘研究員，現任東華大學講座教授。高中時代即向《現代詩》、《藍星》、《創世紀》等刊物投稿，成名甚早，曾獲國家文學獎、吳三連文藝獎、中山文藝獎等。著有：詩集《燈船》、《花季》、《禁忌的遊戲》、《非渡集》、《有人》、《北斗行》、《海岸七疊》、《瓶中稿》、《傳說》、《時光命題》；散文《葉珊散文集》、《山風海雨》、《方向歸零》、《年輪》、《完整的寓言》、《亭午之鷹》、《飛過火山》、《搜索者》、《星圖》、《疑神》、《奇萊前書》、《昔我往矣》；評論《一首詩的完成》、《文學的源流》、《文學知識》、《傳統的與現代的》等。

李清志

美國密西根大學（Ann Arbor）建築碩士。現任實踐大學建築設計學系專任副教授。以都市偵探自許，喜歡遊走不同城市、觀察並探討建築空間文化。著有《鳥國狂》、《建築電影學》、《都市偵探學》、《巴哈蓋房子》、《建築散步》、《街道神話》、《建築異型》、《日本建築奇想與異人觀察》、《東京建築酷斯拉》、《安藤忠雄的建築迷宮》、《天堂美術館》、《惑星建築》、《台灣建築不思議》、《島嶼建築迷宮》、《吃建築》、《靈魂的場所：一個人的獨處空間讀本》、《美感京都：李清志的京都美學》等。

劉克襄

台中人，一九五七年生。現任中央通訊社董事長。長年進行自然觀察、歷史旅行與舊路探勘，並從事詩、散文、報導文學及長篇小說等各類型文學創作。著有《山黃麻家書》、《消失中的亞熱帶》、《自然旅情》、《風鳥皮諾查》、《座頭鯨赫連麼麼》、《小綠山之歌》、《小島飛行》、《不需要名字的水鳥》、《臺灣舊路踏查記》、《福爾摩沙大旅行》、《望遠鏡裡的精靈》、《十一元的鐵道旅行》、《十五顆小行星》、《裡台灣》、《男人的菜市場》、《兩天半的麵店》、《早安，自然選修課》等。

陳列

本名陳瑞麟，一九四六年生於嘉義農村。淡江大學英文系畢業，曾任國中教師二年，後因政治事件繫獄四年八個月。出獄後，以〈無怨〉獲第三屆時報文學獎散文獎首獎，隔年再以〈地上歲月〉獲第四屆散文獎首獎，一九九一年以《永遠的山》獲第十四屆時報文學獎推薦獎。參與政治活動約十年之後，回歸文學專事寫作，目前定居花蓮。著有《地上歲月》、《永遠的山》、《人間．印象》、《躊躇之歌》。

平路

本名路平，出生於高雄。台灣大學心理系畢業，美國愛荷華大學碩士。從事數理統計專業多年，曾任《中時晚報》副刊主編、《中國時報》主筆、香港光華文化新聞中心主任，並曾於台灣大學新聞研究所與台北藝術大學藝術管理研究所任教。獲三十九屆吳三連獎文學獎。著有：長篇小說《黑水》、《行道天涯》、《婆娑之島》、《東方之東》、《何日君再來》、《椿哥》；短篇小說集《蒙妮卡日記》、《百齡箋》、《凝脂溫泉》、《五印封緘》、《玉米田之死》、《禁書啟示錄》等；散文集《袒露的心》、《浪漫不浪漫》、《讀心之書》、《我凝視》、《巫婆の七味湯》、《香港已成往事》等。

盛浩偉

台北人，一九八八年生。台灣大學日本語文學系、台灣文學研究所，赴日本東北大學、東京大學交換留學。曾獲台積電青年學生文學獎、時報文學獎等，參與編輯電子書評雜誌《秘密讀者》。著有《名為我之物》，合著有小說接龍《華麗島軼聞：鍵》、非虛構寫作《終戰那一天》等。

楊佳嫻

台灣大學中文所博士，清華大學中文系助理教授。著有：詩集《屏息的文明》、《你的聲音充滿時間》、《少女維特》、《金烏》；散文集《海風野火花》、《雲和》、《瑪德蓮》、《小火山群》。編有《臺灣成長小說選》，合編有《青春無敵早點詩：中學生新詩選》、《靈魂的領地：國民散文讀本》、《港澳台八十後詩人選集》。

言叔夏

一九八二年生。政治大學台灣文學博士，東海大學中文系助理教授。曾獲花蓮文學獎、台北文學獎、全國學生文學獎、林榮三文學獎。著有散文集《白馬走過天亮》。

鍾怡雯

一九六九年出生於馬來西亞金寶市。臺灣師範大學文學博士，元智大學中語系教授。著有：散文集《河宴》、《垂釣睡眠》、《聽說》、《我和我豢養的宇宙》、《飄浮書房》、《野半島》、《陽光如此明媚》、《麻雀樹》；論文集《莫言小說：「歷史」的重構》、《亞洲華文散文的中國圖象》、《無盡的追尋：當代散文的詮釋與批評》、《靈魂的經緯度：馬華散文的雨林和心靈圖景》、《馬華文學史與浪漫傳統》、《內斂的抒情：華文文學論評》、《經典的誤讀與定位》、《雄辯風景：當代散文論I》、《后土繪測：當代散文論II》、《永夏之雨：馬華散文史研究》。譯有《我相信我能飛》。並主編多種散文、小說選集。

朱國珍

清華大學中語系畢業，東華大學藝術碩士。大學講師、專欄作家、廣播節目主持人。曾連續兩年獲林榮三文學獎新詩首獎、散文首獎、創下史無前例跨文類雙首獎記錄。曾獲二〇一三年「拍台北」電影劇本獎首獎。著有《中央社區》、《半個媽媽半個女兒》、《離奇料理》、《三天》、《夜夜要喝長島冰茶的女人》等。

柯裕棻

彰化人，一九六八年生於台東。美國威斯康辛大學麥迪遜校區傳播藝術博士，現任教於政治大學傳播學院。著有散文集《洪荒三疊》、《浮生草》、《恍惚的慢板》、《甜美的剎那》、《青春無法歸類》，小說集《冰箱》等。

李明璁

英國劍橋大學國王學院社會人類學博士，任教於台灣大學社會學系。曾任文化研究學會理事、共同創辦《cue》電影雜誌，統籌主編文化部《國民小學認識流行音樂輔助教材》與麥田出版社【時代感】書系。擔任過金鐘獎、金鼎獎、時報文學獎等評審。著有散文集《物裡學》、小說集《Rock Moment》，與策劃《時代迴音》、《樂進未來》、《台北祕密音樂場所》等書。

楊照

本名李明駿，一九六三年生。國立台灣大學歷史系畢業，美國哈佛大學博士候選人。曾任民進黨國際事務部主任、《明日報》總主筆、遠流出版製作總監、《新新聞》總編輯、副社長，現為新匯流基金會董事長，並在廣播電台主持節目。著有：小說《吹薩克斯風的革命者》、《大愛》、《暗巷迷夜》、《星星的末裔》、《往事追憶錄》、《背過身的瞬間》；散文《悲歡球場》、《場邊楊照》、《迷路的詩》、《為了詩》、《我想遇見你的人生：給女兒愛的書寫》；文學文化評論集《流離觀點》、《文學的原像》、《夢與灰燼》、《知識分子的炫麗黃昏》、《在閱讀的密林中》、《理性的人》、《霧與畫：戰後台灣文學史散論》、《如何做一個正直的人》、《想樂》；現代經典細讀《永遠的少年：村上春樹與海邊的卡夫卡》、《馬奎斯與他的百年孤寂：活著是為了說故事》、《在地球物種瀕臨滅絕時，還原達爾文》、《在資本主義帶來浩劫時，聆聽馬克思》等。

陳思宏

一九七六年出生於彰化縣永靖鄉，現居德國柏林。曾獲林榮三文學獎短篇小說首獎、九歌年度小說獎。著有《指甲長花的世代》、《營火鬼道》、《態度》、《叛逆柏林》、《柏林繼續叛逆》、《去過敏的三種方法》、《第九個身體》。

李濠仲

一九七六年生。文化大學新聞系畢業。曾為《新新聞周報》、《聯合晚報》政治組記者，二〇〇九年辭去工作隨任職外交部的妻子遠赴挪威，並開始寫作。二〇一五年夏天返台，現為網路新聞媒體《上報》主筆。著有《挪威縮影：奧斯陸觀察筆記》、《挪威，綠色驚嘆號！》、《安然無恙不比遺憾好》、《北歐超完美丈夫的秘密》、《小國的靈魂》、《娜拉，如果妳在挪威長大》、《挪威人教我，比工作更重要的事》、《挪威人教我，比競爭力更重要的事》等。

周軼君

北京第二外國語學院阿拉伯語文學學士，英國劍橋大學國際關係碩士。曾任職香港鳳凰衛視，現任《端傳媒》國際頻道主任。二〇〇二至〇四年任新華社駐以巴地區記者，是當時唯一常駐加薩的國際記者，曾採訪巴勒斯坦領導人阿拉法特、阿巴斯、哈馬斯組織創始人亞辛等，關於以巴衝突的文字、攝影故事多次獲得國際獎項。國際新聞分析、隨筆常見於《風傳媒》、《端傳媒》、《金融時報》等媒體，著有《離上帝最近——女記者的中東故事》、《走出中東：全球民主浪潮的見證與省思》、《中東死生門：巴以行走觀察》、《拜訪革命：從加德滿都、德黑蘭到倫敦，全球民主浪潮的見證與省思》等。

袁瓊瓊

原籍四川省眉山縣，一九五〇年出生於新竹市。專業作家與電視編劇。早期曾以筆名「朱陵」發表散文及新詩兼及童話故事。曾獲中外文學散文獎、聯合報小說獎、聯合報徵文散文首獎、時報文學獎首獎。著有：散文《禁忌拼圖》、《滄桑備忘錄》、《看》、《繾綣情書》、《孤單情書》、《紅塵心事》、《隨意》、《青春的天空》；小說《春水船》、《自己的天空》、《滄桑》、《或許，與愛無關》；極短篇《袁瓊瓊極短篇》、《恐怖時代》等。

陳芳明

一九四七年出生於高雄。曾任教於靜宜大學、暨南國際大學、中興大學，後赴政治大學中文系任教並成立該校台灣文學研究所，目前為政治大學講座教授。著有：政論集《和平演變在台灣》等七冊；散文集《風中蘆葦》、《夢的終點》、《時間長巷》、《掌中地圖》、《昨夜雪深幾許》、《晚天未晚》、《革命與詩》；詩評集《詩和現實》、《美與殉美》；文學評論集《鞭傷之島》、《典範的追求》、《危樓夜讀》、《深山夜讀》、《孤夜獨書》、《楓香夜讀》、《現代主義及其不滿》、《很慢的果子：閱讀與文學批評》；學術研究《探索台灣史觀》、《左翼台灣：殖民地文學運動史論》、《殖民地台灣：左翼政治運動史論》、《後殖民台灣：文學史論及其周邊》、《殖民地摩登：現代性與台灣史觀》、《台灣新文學史》；傳記《謝雪紅評傳》等。

蕭秀琴

曾任出版社總編輯，現為作家暨譯者。著有《植有武威山茶的小屋》、《精油全書》、《芳香療法》、《精油與星座》、《輕芳療，愛情的靈藥：三十篇戀愛小說與六十種情緒療癒配方》；譯有《跟莎士比亞學創作》、《史蒂芬·金談寫作》。

王浩威

南投竹山人，一九六〇年生。高雄醫學院醫學系畢業。曾任台大醫院、和信醫院及花蓮慈濟醫院精神部主治醫師，《島嶼邊緣》、《醫望》雜誌總編輯，目前為專任心理治療師、台大醫院精神部兼任主治醫師、台灣心理治療學會理事長、心靈工坊文化公司發行人。著有：詩集《獻給雨季的歌》；文化評論《一場論述的狂歡宴》、《臺灣文化的邊緣戰鬥》；散文《在自戀和憂鬱間飛行》、《海岸浮現》、《與自己和好》、《台灣查甫人》、《憂鬱的醫生，想飛》、《生命的十二堂情緒課》、《我的青春，施工中》、《好父母是後天學來的》、《晚熟世代》等。

顧玉玲

一九六七年生。畢業於輔大英文系、交大社文所，現就讀北藝大文新所博士班。社運工作者，人民火大行動聯盟成員。曾獲時報文學獎報導文學首獎、台北文學獎文學年金、梁實秋文學獎散文首獎、星雲文學獎報導文學首獎。著有《我們：移動與勞動的生命記事》、《回家》，編有《拒絕被遺忘的聲音：RCA工殤口述史》等。

吳媛媛

一九八二年生。台灣大學中文系畢業，瑞典隆德大學東亞政治碩士。現居瑞典。著有《幸福是我們的義務：瑞典人的日常思考教我的事》，並於「獨立評論@天下」網站撰寫專欄「新時代的好左派」。

林育立

自由記者，旅居柏林。曾在駐德代表處擔任新聞編譯，中央社駐德記者，不定期為臺灣和德國媒體撰稿，並從事中德文口譯。著有《歐洲的心臟：德國如何改變自己》。

伊格言

一九七七年生。台灣大學心理系、台北醫學大學醫學系肄業，淡江大學中文碩士。台北藝術大學兼任講師。曾獲聯合文學小說新人獎、自由時報林榮三文學獎、吳濁流文學獎長篇小說獎等。著有：小說《甕中人》、《噬夢人》、《零地點GroundZero》；短篇小說集《拜訪糖果阿姨》；詩集《你是穿入我瞳孔的光》；文學導讀《幻事錄：伊格言的現代小說經典十六講》等。

國家圖書館出版品預行編目（CIP）資料

寫作第一課：從閱讀起跑 / 凌性傑 , 林皇德編著 . -- 初版 . -- 臺北市 : 蔚藍文化 , 2018.09

面； 公分

ISBN 978-986-96569-2-4（平裝）

1. 漢語教學 2. 寫作法 3. 中等教育

524.313 107014360

寫作第一課：從閱讀起跑

編　　著／凌性傑，林皇德
社　　長／林宜澐
總 編 輯／廖志墭
執行編輯／黃筱威
編輯協力／宋元馨
內文排版／藍天圖物宣字社
封面設計／小山繪

出　　版／蔚藍文化出版股份有限公司
地址：110臺北市信義區基隆路一段176號5樓之一
電話：02-2243-1897
臉書：https://www.facebook.com/AZUREPUBLISH/
讀者服務信箱：azurebks@gmail.com

總 經 銷／大和書報圖書股份有限公司
地址：24890新北市新莊區五工五路2號
電話：02-8990-2588

法律顧問／眾律國際法律事務所　著作權律師／范國華律師
電話：02-2759-5585　網站：www.zoomlaw.net

印　　刷／世和印製企業有限公司
定　　價／台幣320元
I S B N／978-986-96569-2-4
初版一刷／2018年9月
初版五刷／2023年10月